FUNDAMENTOS DEL LENGUAJE CLARO

FUNDAMENTOS DEL LENGUAJE CLARO

Santiago Muñoz Machado

Obra editada en colaboración con Editorial Planeta – España

Diseño de portada: Planeta Arte & Diseño

Bajo el sello editorial ESPASA M.R.
Avenida Presidente Masarik núm. 111,
Piso 2, Polanco V Sección, Miguel Hidalgo
C.P. 11560, Ciudad de México
www.planetadelibros.com.mx

Primera edición impresa en España: septiembre de 2024
ISBN: 978-84-670-7503-8

Primera edición impresa en México: marzo de 2025
ISBN: 978-607-39-2788-8

Impreso en los talleres de Litográfica Ingramex, S.A. de C.V.
Centeno núm. 162-1, colonia Granjas Esmeralda, Ciudad de México
Impreso en México – *Printed in Mexico*

Esta edición recoge la versión extensa de los discursos pronunciados por el autor en la inauguración y la clausura de la I Convención de la Red Panhispánica de Lenguaje Claro y Accesible, celebrada en Madrid los días 20 y 21 de mayo de 2024.

INTRODUCCIÓN

No hay una definición universalmente aceptada de lenguaje claro. La acepción 8.ª del lema *claro* de nuestro *Diccionario de la lengua española* (*DLE*) dice que *claro* es 'inteligible, fácil de comprender'. E incluso ofrece como ejemplo la expresión «lenguaje claro». Es frecuente oír hablar de la oscuridad de las comunicaciones oficiales dirigidas a los ciudadanos y se entiende que *claro* es lo contrario: lo que puede entenderse con facilidad, con la primera lectura, sin necesidad de interpretaciones. Todos los documentos y guías que invocan el lenguaje claro utilizan el concepto en este sentido, aunque no partan de definiciones universalmente asumidas.

Se tiene por cierto que la pacífica y persistente rebelión contra las notificaciones ininteligibles empezó en el ámbito del consumo. Seguramente un día en que un ciudadano tomó alimentos o medicamentos inadecuados porque la información sobre su caducidad no era fácilmente comprensible. Inició entonces una protesta individual que creció en los meses sucesivos hasta convertirse en una gran acción colectiva.

A partir de los años setenta del siglo pasado, las reclamaciones fueron creciendo y las protestas tomaron cuerpo de movimiento ciudadano. Al mismo tiempo, la preocupación por el problema de la claridad del lenguaje llegó a las instituciones que han desarrollado, en todas las naciones con Estados de derecho poderosos, una revisión en profundidad de los procedimientos y el contenido de sus notificaciones y comunicaciones. Siempre con el objetivo de informar de manera más transparente y comprensible. Es decir, de modo que el mensaje se entienda, sin tener que releerlo, por una persona de formación básica.

A este objetivo se ha sumado, más recientemente, la reclamación, y la consiguiente respuesta política, de que el lenguaje sea accesible, lo que quiere decir expresado en condiciones adecuadas para que puedan entenderlo personas que tengan mermadas sus capacidades de comprensión, sea porque tienen alguna discapacidad originaria o bien por razones de edad o enfermedad que les haya provocado un deterioro cognitivo.

A pesar de que el movimiento que reclama claridad del lenguaje es muy actual, las críticas a la oscuridad de las comunicaciones dirigidas a los ciudadanos es muy antigua y empezó por la Justicia y las leyes. La protesta contra la oscuridad del legislador y de los tribunales puede rastrearse desde el derecho romano a la actualidad. Aforismos, que ahora encontramos legalizados en los códigos civiles, como el que advierte que la ignorancia de las leyes no excusa de su cumplimiento, o el que asegura que las leyes deben ser entendidas por todos, no son nada más que constataciones de que, por lo normal, las leyes son oscuras y que esta mala índole debe ser superada.

La fama de la Justicia en este sentido es mucho peor. Las críticas contra su opacidad han sido más agudas, lacerantes y pertinaces porque mientras las leyes se dirigen con carácter general a todos los ciudadanos, y sus textos quedan lejos de las lecturas habituales de las personas corrientes, los tribunales se dirigen a individuos concretos y resuelven asuntos que afectan a su libertad o propiedad. Los interesados en conocerlas se enfrentan a farragosos escritos y resoluciones cuya inteligencia queda fuera de su formación y habilidades, incluso cuando son de un nivel cultural elevado.

La literatura de todos los tiempos, pero especialmente de los siglos de oro, rebosa de episodios en los que se muestra el carácter malvado e intencionadamente oscuro y tenebroso de la Justicia, sus procedimientos arcaicos y sus incomprensibles jergas.

Las reclamaciones de claridad del lenguaje de las leyes y las sentencias de los tribunales estuvieron siempre en la vanguardia desde que se implantaron los nuevos ordenamientos constitucionales que mejoraron las prácticas de legislar y juzgar características del Antiguo Régimen: se legisló, a partir de la era constitucional, en Parlamentos abiertos integrados por representantes elegidos por el pueblo soberano; y la función de juzgar se atribuyó a jueces profesionales que tenían que motivar o justificar expresamente sus decisiones. Durante el siglo de la Ilustración se acumularon muchas propuestas para mejorar la calidad de las leyes y de la jurisprudencia. El objetivo de claridad aparece en las obras de los filósofos racionalistas esenciales, como Montesquieu o Bentham, y la codificación y las reformas de la Justicia fueron algunas de las vías usadas en el siglo XIX para conseguirlo.

Pero el siglo el XIX también impulsó el desarrollo, hasta dimensiones sin precedentes, de las Administraciones públicas, que tomaron a su cargo muchos servicios públicos nuevos que exigían un contacto continuo con los ciudadanos y, por tanto, una comunicación más habitual. Emergió desde mediados del XIX la imponente Administración contemporánea y se empezaron a desarrollar las infraestructuras (de ferrocarril, electricidad, carreteras, etc.) y los servicios económicos (cajas de ahorro y bancos, empresas públicas en diversos sectores de la economía) y sociales (beneficencia, sanidad). Las relaciones de los ciudadanos con los poderes públicos se multiplicaron. Las formas de comunicación con ellos empezaron entonces a formar parte del debate político, jurídico y social.

Desde un punto de vista lingüístico, el castellano había estado, hasta entonces, en deuda con las leyes. Pero la progresiva complejidad del aparato público y su presencia masiva en la vida social cambió los términos de aquella vieja ecuación y las leyes empezaron a estar en deuda con el lenguaje.

Quiero decir que, en el periodo de formación y difusión del castellano, como lengua romance de España, en competencia con otras hablas vernáculas, su utilización por las leyes y por las cancillerías regias, sobre todo desde el siglo XIII, contribuyó de forma decisiva a su difusión por todo el territorio peninsular. La misma misión cumplieron las leyes y la Administración de la monarquía hispánica para el transporte e implantación del castellano en América. Tres siglos después, también el constitucionalismo y las independencias americanas contribuyeron a la renovación, por ministerio de las leyes, de muchos conceptos del léxico de la legalidad. Aparecieron en el vocabulario docenas de palabras nuevas que festejaban la consagración de la libertad y la igualdad, y que desplazaron conceptos del Antiguo Régimen.

Puede remarcarse de otra manera la deuda de la lengua con las leyes: cuando la Real Academia Española, fundada en 1713, hubo de establecer la normativa del castellano, fijando su léxico en un diccionario (1726-1739), y regulando su ortografía (1741) y su gramática (1771), utilizó profusamente fuentes legales, es decir, las leyes vigentes en España, que contenían un riquísimo repositorio de palabras y expresiones en las que basar aquellos primeros monumentos lingüísticos. Utilizaron para formular las grandes obras normativas la mejor literatura castellana disponible, pero también las leyes del reino.

Cuando esta época de construcción de las catedrales de nuestro idioma concluyó, la propia Real Academia Española rindió tributo a la importancia lingüística de las leyes, ofreciendo una cuidada edición del Fuero Juzgo, en 1815, con un prólogo extraordinario del académico Manuel de Lardizábal, que refería la importancia de este gran texto legal para la consolidación y difusión del castellano.

Las tornas han cambiado y ahora las leyes están en deuda con la lengua porque, en buena medida, es responsabilidad de los legisladores que las leyes utilicen un lenguaje claro, y que impongan la misma obligación a todos los poderes del Estado.

Se ha profundizado la exigencia de claridad en todo lo que concierne al consumo de bienes y servicios, a los medicamentos, productos alimenticios, seguros, instrumentos de financiación bancaria… Y, en fin, se ha multiplicado la necesidad de información y claridad en el ámbito de derechos individuales afectados por la revolución digital: muy especialmente en materia de protección de datos, que son la gran mina de las economías digitales de nuestro tiempo, o en relación con la lucha contra sesgos lingüísticos y brechas generados por la expansión aceleradísima de la inteligencia artificial.

Hace algunos años empezaron a implantarse en todo el mundo asociaciones en defensa del lenguaje claro de los poderes públicos que agrupan, sobre todo, a profesionales e instituciones del ámbito lingüístico anglosajón. Celebramos el éxito general de *Plain Language* o de *Clarity*. Sin perjuicio de que sus progresos sean bienvenidos para todos, hace años también que, en paralelo, se han desarrollado muchas iniciativas en la geografía de habla española, representada por casi seiscientos millones de individuos en los cinco continentes.

Europa, que tiene desde siempre mucha más afición a regularlo todo que la que muestra la cultura anglosajona, se ha puesto enseguida por delante en cuanto concierne a las medidas legales en favor de la claridad del lenguaje de los poderes públicos y entidades que prestan servicios de interés general, además de la eclosión regulatoria en los mencionados dominios de la protección de datos, el consumo, medicamentos, seguros y servicios bancarios.

Y, en muchos de nuestros países, han sido los poderes públicos concernidos, legislativo, ejecutivo y judicial, los primeros en adelantar medidas a favor de que sus decisiones sean fácilmente comprendidas por las personas a las que se dirigen. Las leyes, recomendaciones administrativas y sentencias judiciales sobre la claridad del lenguaje han crecido de modo considerable en los últimos años.

Todas estas acciones han venido acompañadas de un movimiento favorable al lenguaje claro, empujado por profesionales de todos los ámbitos, e instituciones de todo carácter, que adoptaron, en Iberoamérica, la forma de redes de lenguaje claro.

El movimiento favorable al lenguaje claro ha crecido mucho a partir de las premisas indicadas, que reducían el problema al Derecho y sus aplicaciones. Por un lado, se ha extendido a todos los lenguajes de especialidad y a todos los ámbitos en los que se desarrolla una intensa relación con los ciudadanos. Se exige ahora lenguaje claro a la medicina, a los medios de comunicación o a cualquier empresa que, aunque privada, esté en posición de dominio en los mercados y preste servicios de interés general.

Se han producido en nuestro tiempo cinco notables acontecimientos que están reclamando adaptaciones del lenguaje oficial de un modo mucho más intenso de lo que cualquier otro fenómeno técnico o social haya llegado a afectarlo a lo largo de la historia.

El primero de ellos es el reconocimiento del derecho a comprender como un derecho subjetivo y exigible de los ciudadanos. Por supuesto no está enunciado en las constituciones revolucionarias de últimos del siglo XVIII y primeros del XIX. Pero sí puede estimarse comprendido en las constituciones multitextuales y cosmopolitas de nuestro tiempo, que suman al rígido y cerrado cuerpo normativo tradicional, otros de carácter supranacional que los completan. En el nivel normativo infraconstitucional han sido promulgadas, en todos los Estados, normas que reconocen derecho al lenguaje claro no solo en las comunicaciones de los poderes públicos con los ciudadanos, sino también en diferentes sectores dominados por establecimientos que prestan servicios de interés general: alimentación, condiciones generales de los contratos, medicamentos, protección de datos, etc. Se ha fortalecido la creencia de que se ha consolidado un nuevo derecho constitucional vinculado a los más esenciales de la Carta Magna porque el derecho a comprender es el más elemental e imprescindible de todos en tanto que condiciona el ejercicio de los demás derechos.

El segundo acontecimiento está inmediatamente vinculado al anterior e impone a los poderes públicos y entidades que prestan servicios de interés general la adopción de un lenguaje claro cuando se dirigen a los ciudadanos. Suele darse por bueno que los precedentes más sólidos están en Estados Unidos, apoyados en la Orden Ejecutiva 12-0444 de Jimmy Carter en 1978: «Los reglamentos deben ser tan sencillos y claros como sea posible». En esta línea siguió Bill Clinton: *Memorandum on Plain Language in Government Writing,* 1998. Y Barack Obama, con su Ley de Escritura Clara (*Plain Writing Act*), de 2010, que obliga a las agencias federales a tener un supervisor y a capacitar a su personal en lenguaje claro, que se define en la ley como una «escritura clara, concisa y bien organizada». Desde 2010 este mensaje se aplica a las páginas web.

Pero la verdad es que sería injusto atribuir a Estados Unidos en este asunto del lenguaje claro méritos exclusivos porque la lucha contra el *gobbledygook*, contra el galimatías en las comunicaciones con los ciudadanos, existe en todas las regiones de habla inglesa, en el marco del movimiento de *plain language.*

En España el primer movimiento fue del Congreso de los Diputados, que aprobó por unanimidad el 16 de abril de 2002 una proposición no de ley relativa a la Carta de Derechos de los Ciudadanos ante la Justicia. Es un catálogo de derechos que incluye el relativo a «una justicia comprensible». Estas exigencias se han concretado con no menor precisión en leyes esenciales que obligan a la Administración a extremar la claridad en sus comunicaciones: La ley de Procedimiento Administrativo Común de 2015 o la Ley de Transparencia, Acceso a la Información y Buen Gobierno de 2013 entre las más destacadas.

El lenguaje claro se ha convertido en un incentivo que hace más probable el cumplimiento por los ciudadanos de las resoluciones administrativas, en la medida en que las comprenden mejor.

Esta clase de obligaciones administrativas, que se extienden a la aplicación de un lenguaje fácil para las relaciones con personas afectadas por algún tipo de diferencia funcional o discapacidad, se ha extendido por todo el universo de los países hispanohablantes. Hablamos por tanto de una conquista que se está logrando simultáneamente en muchos países del mundo.

Otro gran fenómeno que ha afectado a las políticas de lenguaje claro es de carácter social y está relacionada con la igualdad de sexos: desde el principio de igualdad, se clama contra prácticas sociales discriminatorias que tienen sus reflejos en usos lingüísticos que invisibilizan al sexo femenino dando preponderancia total al masculino. Esta reivindicación está generalmente asumida por una mayoría amplia de los ciudadanos. Muchos reclaman, para resolverla, un impulso de regulaciones de la lengua que superen esos excesos de la masculinización del lenguaje, que reflejan discriminaciones efectivas en las sociedades actuales.

El problema es real y la búsqueda de soluciones está muy justificada. Las normas lingüísticas que elaboran las academias de la lengua española, asociadas en ASALE, tienen en cuenta los usos lingüísticos contrastados.

No imponen la forma de hablar, sino que constatan cómo hablan los usuarios de la lengua y extraen de esa comprobación los léxicos y demás normas. No podemos correr el riesgo de imponer formas lingüísticas que los ciudadanos no aceptan ni diferenciar el lenguaje usual del lenguaje políticamente correcto. No podemos animar a fragmentar la normativa de la lengua que se ha mantenido unida, sin perjuicio de sus variantes territoriales, durante tres siglos.

Dicho lo cual, hay que añadir que las aspiraciones a una reducción de la masculinización del lenguaje público es una corriente tan extendida como la que postula el lenguaje claro. La Real Academia Española lleva mucho andado en este sentido aunque no sea frecuente que nos lo reconozcan. Hemos modificado intensivamente el *Diccionario* para eliminar muchas definiciones, hechas en tiempos históricos en los que el sexo femenino no tenía la misma valoración social que hoy. Y hemos advertido que muchas formas generalizadas en el lenguaje usual tienen alternativas de expresión que no alteran el sistema de la lengua y favorecen la visibilidad del sexo femenino en el lenguaje.

Únicamente nos rebelamos contra las imposiciones o las transgresiones forzadas de reglas, para proponer innecesariamente otras que no encajan en ese sistema de la lengua o que afean una lengua tan bella como el español. También protestamos contra la invasión de nuevos reguladores en un dominio en el que ha predominado la unidad a lo largo de la historia.

Los poderes públicos, como ya han dicho tribunales como el Tribunal Constitucional alemán o el Consejo de Estado francés, no deben interferirse en los procesos de formación de la lengua porque esta no es una materia legislativa, sino social.

En cualquier caso, si el lenguaje inclusivo se ha convertido en un problema académico es porque la proliferación de guías, con contenidos dispares, algunas conformes y otras con matizaciones de la normativa académica, introduce un problema de claridad que afecta, por lo menos, a los ciudadanos perplejos ante la elección del lenguaje a utilizar para dirigirse a las instancias con guías propias.

El tercer problema de nuestro tiempo vinculado con el lenguaje claro también está relacionado con la igualdad, aunque afecta a la dignidad de las personas porque, en este caso, no se trata de que el lenguaje opaque a algún colectivo, sino de que hay colectivos que no pueden acceder, por razón de sus capacidades intelectuales, a las formas ordinarias de comunicación. Las consecuencias son de discriminación y segregación social. Son todos los que padecen discapacidades que afectan a la comprensión de los mensajes, en los que no solo hay que incluir a los que tienen esas dificultades funcionales desde su nacimiento, sino también a todos los que las han adquirido por razón de enfermedad o edad. Reclaman también regulaciones específicas de las formas de comunicación, que no suelen figurar en la normativa general dirigida a todos los hablantes.

El cuarto gran acontecimiento con relevantes consecuencias lingüísticas es la tecnología: la gran revolución digital que empezó a finales del siglo XX ha situado en la primera línea de interés económico, político y social a sectores en los que la claridad es fundamental para preservar otros derechos fundamentales, como la intimidad de las personas. Muy especialmente se produce esta confrontación como consecuencia de la frenética acumulación y procesamiento de datos personales, la gran minería de las corporaciones que aprovechan la tecnología digital para explotar un sinfín de negocios nuevos.

Es este un ámbito en el que se han producido las regulaciones más expresivas y exigentes sobre la necesidad de que sea claro el lenguaje que se use para recabar autorizaciones para el procesamiento de datos personales. El Reglamento europeo 2016/679 del Parlamento y el Consejo, de 27 de abril de 2016, relativo a la protección de las personas físicas en lo que respecta al tratamiento de sus datos personales, explica en su larga exposición de motivos que «El principio de transparencia exige que toda información y comunicación relativa al tratamiento de dichos datos sea fácilmente accesible y fácil de entender, y que se utilice un lenguaje sencillo y claro» (Considerando 39); que la declaración de consentimiento debe tener una «formulación inteligible y de fácil acceso que emplee un lenguaje claro y sencillo, y que no contenga cláusulas abusivas» (Considerando 42). O que «El principio de transparencia exige que toda información dirigida al público o al interesado sea concisa, fácilmente accesible y fácil de entender, y que se utilice un lenguaje claro y sencillo, y, además, en su caso se visualice (...)» (Considerando 58). Los artículos 7.2, 12 y 34 contienen prescripciones en correspondencia con esos principios.

El quinto de los acontecimientos que me parece reseñable desde el punto de vista de los impactos contemporáneos en la cultura del lenguaje claro es la aceleración que está cobrando la inteligencia artificial. En este caso, asistimos a un fenómeno único en la historia como es el de las máquinas parlantes, herramientas dotadas de inteligencia artificial que pueden utilizar el lenguaje natural como los humanos... o mejor incluso que los humanos. Estas máquinas son programadas por sus fabricantes y atienden a reglas algorítmicas que no necesariamente asumen los cánones de la normativa de la lengua. Separarse de la normativa general puede afectar a la claridad de los mensajes, y propiciar la emergencia de variantes lingüísticas, dialectos digitales o jergas nuevas que introduzcan confusión en los usos de una lengua, como la española, hasta ahora regida por una normativa universal y única.

El asunto es serio porque, al mismo tiempo que se introducen elementos lingüísticos que aturden y levantan barreras ante los menos dotados para el manejo de las nuevas tecnologías, generando brechas digitales que afectan a la igualdad, facilitan la creación de modelos de lenguaje, usados solo por la inteligencia artificial, cuya calidad y corrección es imprescindible controlar. Un solo ejemplo: se ha empezado a trabajar en el modelo de lenguaje fundacional para la IA en español, para seguir de cerca los mismos avances que están experimentando otras lenguas europeas y competir con el inglés. Se ha programado formar un corpus que pueda alimentar de forma gratuita todas las iniciativas, públicas y privadas, que empleen IA. La base de datos en español aspira a reunir 175 000 millones de *tokens* entre este año y 2025, es decir 175 billones de datos según las unidades de medida americanas.

Es imprescindible que la Real Academia Española, junto con las academias de todo el mundo, puedan cumplir eficazmente las funciones que el proyecto quiere asignarles, que consiste en asegurar la calidad de la lengua, su ajuste a los cánones académicos, de modo que además de evitar los sesgos de los que más frecuentemente se habla, que son los concernientes a la igualdad, protección de la intimidad, derechos de autor, o el medio ambiente, se eviten también los sesgos lingüísticos que conducirían a la creación de lenguajes de algoritmo, dialectos digitales.

Se comprende por lo expuesto que los retos nuevos ya no se contraen a imponer a los jueces y demás poderes públicos un lenguaje claro cuando se dirigen a los ciudadanos y las decisiones afectan a los derechos, sino que el problema del lenguaje claro se ha extendido a manifestaciones novísimas de las aplicaciones tecnológicas. También se ha implantado el lenguaje claro en el medio de las preocupaciones de las sociedades de nuestro tiempo que demandan seguridad y eliminación de riesgos procedentes de todos los agentes que ofrecen bienes y servicios en los mercados abiertos y competitivos.

En este sentido, han proliferado en los últimos años normas sobre lenguaje claro y comprensible en el etiquetado y prospecto de los medicamentos, en materia alimentaria, de seguros, de productos financieros, de consumidores y usuarios y contratación, etc.

Los tribunales españoles y europeos también han fortalecido en su doctrina las aplicaciones de esas normas y la exigencia de lenguaje claro en la legislación, la Justicia y la Administración y en esos otros sectores en los que el principio de seguridad reclama una mayor protección de los individuos que reciben bienes y servicios de prestadores en posición de dominio.

Naturalmente, la existencia de una legislación adecuada, e incluso la buena disposición de tribunales y Administraciones públicas, no asegura necesariamente la reconversión de las prácticas de galimatías burocrático ni la iluminación súbita de prácticas de oscuridad ancestrales. Es un proceso lento que debe ser eficazmente guiado.

Una de las vías abiertas para conseguirlo es la preparación de herramientas lingüísticas adecuadas que seguir en la práctica de usar lenguaje comprensible y accesible. Pero también la proliferación de guías de lenguaje inclusivo, de lenguaje claro, de lenguaje políticamente correcto, de lenguaje accesible y otras variantes que tratan de atender reclamaciones de los usuarios sectoriales puede producir confusión y afectar a la unidad de la normativa sobre nuestra lengua considerando que la proliferación de esta clase de guías está ocurriendo en todos los países de habla hispana.

Para afrontar esta situación, la Real Academia Española y las academias de la lengua española de todo el mundo, reunidas en ASALE, están desarrollando dos tipos de acciones.

La primera, fomentar la adopción por los poderes públicos de toda clase, y también por las entidades de naturaleza privada que prestan servicios públicos o desarrollan actividades de interés general, la adopción de políticas de lenguaje claro en sus comunicaciones que afectan a los derechos e intereses personales o individuales. Somos conscientes de que ya se han hecho, desde la iniciativa privada, bastantes ofertas en este sentido, pero el objetivo de la acción de las academias es movilizar a las instituciones para que asuman la obligación de comunicar sus decisiones y programas usando un lenguaje claro y accesible. Por primera vez, esta llamada de atención ha tenido una respuesta masiva que ha permitido instalar la Red Panhispánica de Lenguaje Claro.

La segunda acción inmediata emprendida por la Real Academia Española y todas las academias de la lengua española reunidas en ASALE, ha sido la preparación de una *Guía panhispánica de lenguaje claro y accesible,* que pueda servir de canon universal. Esta guía utiliza la doctrina ya establecida en otras normas académicas asentadas y no pretende sustituir a las guías especializadas por sectores de actividad o profesionales que puedan existir o crearse en el futuro, sino, por el contrario, servir de contraste y de parámetro de aplicación general, directamente utilizable, si no se consideran necesarios otros desarrollos, o susceptible de aplicaciones particularizadas cuando se estime necesario.

LO QUE LA LENGUA ADEUDA A LAS LEYES

La famosa respuesta que Nebrija dio a la reina Isabel la Católica cuando le preguntó en Salamanca acerca de la utilidad de la *Gramática sobre la lengua castellana,* que acababa de componer, consistió en explicarle que cuando conquistara «pueblos bárbaros i naciones de peregrinas lenguas» habría de dictar las leyes «quel vencedor pone al vencido i con ellas nuestra lengua». Se ha aplicado habitualmente esta sabia consideración del maestro Elio Antonio a la difusión del castellano en América, aunque la conversación entre la reina y el gramático se produjo cuando aún faltaban semanas para que Colón descubriera el Nuevo Mundo. Pero la verdad es que esa observación había tenido sus aplicaciones en España muchos años antes de 1492.

La difusión del castellano se produjo en España, muy especialmente, gracias a la decisión de la cancillería regia de emitir documentos en romance.

Hasta que se unieron Castilla y León con el reinado de Fernando III, en 1230, las respectivas cancillerías de León y Castilla emitían sus documentos en latín. Solo esporádicamente la de Castilla usaba el castellano desde el reinado de Alfonso VIII (1189-1214). El incremento del uso del castellano empezó cuando Fernando III alcanzó el trono de Castilla en 1217, con la colaboración del canciller Juan de Soria, que estuvo en el cargo veintinueve años. El romance usado era el castellano, que resultó así refrendado por la autoridad regia que le otorgaba un valor del que carecían los demás romances. Entre 1231 y 1240 el porcentaje de textos romances se duplicó y a partir de 1241 superaron a los latinos. Se empleaba la lengua vulgar principalmente para las definiciones legales y jurisdiccionales, como las pesquisas judiciales y las concesiones de fueros. Menos frecuente es su presencia en los documentos eclesiásticos donde persiste el latín y los súbditos están habituados al empleo de la lengua madre.

Cuando Alfonso X asciende al trono castellanoleonés en 1252 la cancillería de su padre había emitido el 60% de documentos en castellano durante la última década. Desde mediados del siglo XII al menos, Castilla era el reino con más peso demográfico, de mayor extensión territorial y con una economía más pujante.

Gracias a tales prácticas, el castellano fue diseminado a lo largo y ancho del reino, en documentos que lo proponían como modelo de lengua escrita, preferente a las demás modalidades lingüísticas del reino. Fernando III asume esta práctica con frecuencia, pero su hijo Alfonso X la convierte en una regla general.

Lo que estaba en juego, en esta tendencia a convertir el castellano en la lengua de las leyes, era nada menos que la unificación administrativa, jurídica y política de un reino en el que cada población tenía su propio derecho, fijado en costumbres, arbitrios, fazañas, cartas pueblas y fueros.

La sucesiva recuperación del territorio peninsular por las huestes cristianas no fue acompañada inmediatamente por una legislación general, idéntica para toda Castilla, sino que cada enclave de población se regía por su propio derecho. Las comunidades lo hacían por sus costumbres y estas se consolidaban con la repetición y también con su incorporación a resoluciones dictadas por los jueces para resolver pleitos o controversias. Estas resoluciones se llamaban *fazañas* y fueron la primera fuente del derecho de las comunidades establecidas en tierras reconquistadas. En bastantes casos, conseguir pobladores para zonas peligrosas de frontera, requería que la monarquía estimulase a las gentes con privilegios y ventajas tributarias. Esta era la función de las *cartas pueblas*. Y, con criterio más completo, también los monarcas otorgaban *fueros*, que refundían *fazañas* y *cartas pueblas* y añadían otras determinaciones para la mejor ordenación completa de la vida local. Dado su origen, es conjeturable que el latín fuera desplazado por el romance en estos documentos legales, a pesar de que en principio se presentaron en el latín popular. Pero muchas normas incluidas en ellos procedían de las *fazañas* y las costumbres que es muy probable que, con frecuencia, usaran el vernáculo, aunque no se ha podido confirmar al no contar con una investigación profunda de la lengua de las cartas y fueros porque se han perdido casi todas las versiones primitivas y lo que tenemos son refundiciones tardías. Fueron todos ellos muy abundantes en los siglos XI y XII. Muchas de las reglas enunciadas en las costumbres y recogidas en las *fazañas* y en los fueros estarían, con toda probabilidad, formuladas originariamente en romance, y aun se puede añadir, y no por conjetura sino como consecuencia del escaso grado de alfabetización de la población de las gentes de la Edad Media, que más circularían los textos legales romanceados, que los súbditos debían cumplir para no ser sancionados, que la exquisita literatura escrita para la corte y los escasos círculos cultos existentes, que no llegaba al pueblo llano.

Se ha sostenido que algunos fueros antiguos como el de Avilés de 1085 fueron redactados en castellano, pero investigaciones más concienzudas (como la de Aureliano Fernández Guerra) han descartado que así fuera[1]. Pero está redactado en castellano el importante Fuero de Madrid de 1202. Lo mismo los Fueros de Sahagún de 1221 y 1255 (estudios de Muñoz y Romero). El Fuero de Medinaceli, copia del siglo XIII, tiene el primer párrafo en latín, pero sigue en castellano. Del Fuero de Cuenca hubo un texto latino, pero la versión castellana es del siglo XIII. O, en fin, los Fueros de Alcalá de Henares y de Sigüenza, romanceados al completo, que se conceden en 1239 y 1240. También es interesante constatar que los documentos que aplican las normas están habitualmente en castellano. Ramón Menéndez Pidal en su compilación *Documentos lingüísticos de España*[2], incluye una pesquisa acerca de los derechos del abad de Santa María del Puerto, que está en castellano y es de 1191[3], y otros de 1202 y del periodo de 1206 a 1210, que usan igualmente el romance.

Cuando Alfonso VIII ganó la batalla de las Navas de Tolosa ofreció, agradecido, a las ciudades que habían participado la confirmación de los buenos *fueros y fazañas*. Como atestigua la *Primera crónica general de España*, el rey Alfonso VIII prometió hacerles «mucho bien et mucha merced, et meiorarles los fueros et baxarles los pechos». E hizo mucho de lo prometido. Pero la multiplicación de los fueros vigentes, cada uno con un régimen singular y privilegiado para cada pueblo o ciudad, planteaba un gravísimo problema a la monarquía: no podía gobernar con leyes generales y uniformes para todos sus territorios, lo que dificultaba extraordinariamente el buen gobierno.

Para paliar este problema Alfonso VIII, Fernando III y Alfonso X buscaron fórmulas para unificar el derecho y centralizar la gobernación de su reino.

La primera fórmula empleada fue conceder a unas localidades fueros que ya estaban vigentes en otras. Así se hizo con el Fuero de León de 1020 (o de 1017 si se sigue a Menéndez Pidal), con el Fuero de Logroño de 1095, o con el muy importante Fuero de Toledo, concedido por Alfonso VI a esta ciudad en 1101.

Todos estos fueros, aunque formados sobre la base de las costumbres y *fazañas*, eran siempre otorgados por el rey y no autoproclamados por el pueblo y tenían también elementos del derecho general que, inicialmente, no fue otro que el gran código visigótico, el *Liber Iudiciorum*. De hecho, cuando los fueros no contenían normas aplicables a un problema o situación, la norma supletoria era el *Liber*[4].

Esta circunstancia puso a los reyes sobre la pista de la mejor forma de castellanizar la legislación y promulgarla como única y general a todo el territorio: traducir el *Liber Iudiciorum* y otorgarlo a todos los pueblos reconquistados como derecho general.

Esta fue la política emprendida por Fernando III y completada y superada por Alfonso X. El *Liber* se formó desde mediados del primer milenio, cuando se promulga en el año 506 por Alarico II (484-507) el denominado *Breviario de Alarico* o *Lex Romana Visigothorum*. La obra tuvo una amplia difusión y fue revisada y ampliada para incorporar las leyes de monarcas posteriores hasta llegar a la promulgación por Recesvinto (653-672), tras el Concilio VIII de Toledo, del *Liber*

Iudiciorum o *Liber Iudicum*, que recopiló leyes promulgadas hasta el 654. Está dividido en doce libros, como el Código de Justiniano.

El *Liber*, que había sido vertido al gallego, se tradujo al castellano oficialmente, en el reinado de Fernando III (1217-1252), con el nombre de *Fuero Juzgo*, denominación por la que es conocido desde entonces. El texto fue difundido por Andalucía y Murcia como derecho local, otorgado a sus más importantes ciudades. El Fuero Juzgo fue un instrumento de unificación del derecho local muy importante. Fernando III había confirmado en Toledo en 1222 su derecho municipal constituido sobre la base del *Liber* y otros sucesivos privilegios locales. Fuero Juzgo en verdad son las diversas versiones romances realizadas bajo Fernando III y Alfonso X (1252-1284). Todas ellas son adaptaciones, nunca traducciones literales, como insistió en decir J. M. Pérez-Prendes. Se presentó unas veces como fuero en Toledo llamándose Libro de León o el Libro Iulgo o Fuero Juzgo, etc. Fue concedido como fuero municipal a Córdoba (Fuero de Córdoba), Sevilla, Jaén, Jerez de los Caballeros, Alicante, Talavera, Orihuela, Écija, Cartagena y Murcia, entre otros lugares.

Alfonso X elaboró y concedió una norma sistemática muy importante que fue conocida como Fuero Real. Considerando que Alfonso X empezó a reinar en 1252, se inició su aplicación tan inmediatamente que algunos autores han creído que el texto fue preparado en tiempos de Fernando III. El propio Alfonso X recuerda en el prólogo que es el resultado del ejercicio de la potestad real de hacer leyes, lo que considera necesario para la unificación del derecho de los reinos. Había sido dictado pensando que en buena parte de los reinos no había fueros y se juzgaba por *fazañas* y por *albedríos*. Para superar estos inconvenientes concedió el Fuero Real a gran número de ciudades y villas situadas en las zonas antiguas de sus reinos, es decir, no a las de reciente conquista, para las que ya utilizó su padre el Fuero Juzgo. Este y el Fuero Real coinciden vigentes en un mismo periodo, pero son utilizados complementariamente como instrumentos de una misma política real: la de unificar los fueros municipales.

En fin, el gran documento legal que contribuyó, durante el reinado de Alfonso X, a la unificación del derecho y, con él, de la lengua castellana fue el código de *Las Siete Partidas*[5]. También ha sido una norma de extraordinaria duración temporal, considerando que su redacción comenzó en 1256 y se mantuvo vigente durante buena parte del siglo XIX. El texto de las Partidas lo imprimió Alfonso Díaz de Montalvo en 1491 y Gregorio López en 1555, y los especialistas han mantenido dudas de que estos textos editados sean exactamente los mismos que los que elaboró el Rey Sabio.

No resulta posible que explique con detalle la importancia de estos textos para la consolidación y difusión de la lengua castellana, pero dejaré tan solo tres muestras de su trascendencia:

Primera, la Real Academia Española decidió en 1815 publicar el Fuero Juzgo[6]. A algunos pudo parecerle extraña la decisión tratándose de un texto jurídico y no de una obra literaria o lingüística. Quizás por ello, la Academia incluyó un extenso estudio preliminar en el que se contienen consideraciones como las siguientes:

> La presente edición del Fuero Juzgo castellano ofrece gran parte de la historia primitiva de nuestro idioma. Aquí se verá por numerosos exemplos, que instruyen mil veces más que los meros discursos y raciocinios, el modo con que el latín ya corrompido y bárbaro en que había degenerado el que hallaron los godos en la Península quando la invadieron en el siglo v, se iba transformando rápidamente en otro idioma diferente a principios del XIII; cómo se iban dexando las terminaciones antiguas y tomando las nuevas; cómo se mudaban unas letras en otras; cómo se disminuía a veces y a veces se aumentaba la concurrencia de consonantes; cómo titubeaba la escritura antes de que se fixaran las palabras; cómo prevalecía en algunas provincias el uso de ciertas letras e idiotismos según la diversa pronunciación de sus habitantes; cómo se introducía el artículo que no conocieron los latinos, cómo por el contrario desaparecían los casos de los nombres, y la mayor parte de los participios que los latinos usaron; y cómo se iba estableciendo y consagrando por el uso el modo de suplir la falta de esta variedad y gala que da tanta ventaja a la lengua matriz sobre las modernas que de ella nacieron…

La segunda observación sobre la importancia de los textos fernandinos y alfonsinos es que cuando la Real Academia Española decidió, nada más constituirse, formar un diccionario que consolidase el léxico esencial del castellano, acopió las palabras usadas por las mejores obras literarias, publicadas hasta entonces, como fuentes de su *Diccionario de autoridades,* editado entre 1726 y 1739. Pero, junto a las fuentes literarias, usó muchas fuentes legales, entre las cuales el Fuero Juzgo, fueros locales y las Partidas. Estos textos contenían enormes depósitos de palabras castellanas que sirvieron para concretar el léxico en la primera norma lingüística que aprobó la Academia.

Y tercera, las Partidas fueron derecho vigente en América hasta bien cumplido más de medio siglo de independencia por las nuevas repúblicas. E influyó en las concepciones y obras lingüísticas de los intelectuales que formaron las gramáticas y los principales códigos americanos, muy especialmente en el pensamiento y las propuestas del gran Andrés Bello. Quiere esto decir que el gran código medieval de las Partidas contribuyó decisivamente, como había supuesto Nebrija, a la difusión del castellano acompañando al Imperio. También, claro está, la profusa legislación indiana que promulgó una monarquía envuelta en expedientes escritos como medio de gobierno de las Indias Occidentales, situadas a 10 000 kilómetros de distancia[7].

La Real Academia Española se fundó en 1713 con el propósito fundamental de normativizar y uniformar la lengua española estableciendo su léxico, su ortografía y su gramática. Fijaría su uso real. Acometió la Academia, en primer lugar, la tarea de compilar el léxico, que concluyó entre los años 1726, en que apareció el primer volumen, y 1739, cuando se publicó el sexto y último. Este primer diccionario conocido como *Diccionario de autoridades* extrajo el vocabulario de las mejores obras literarias en castellano publicadas hasta entonces y también, por lo que concierne a la cuestión de que estamos tratando, del lenguaje de las leyes, muy especialmente contenido en los grandes textos de aplicación general y, de modo particular, de muchos de los fueros municipales más destacados que he citado antes.

Sobre estas mismas bases, la RAE construiría la *Ortografía* en 1741 y la *Gramática* en 1771. Estas obras fijarían para siempre, sin perjuicio de las modificaciones en ediciones posteriores, el canon lingüístico del castellano, las normas por las que se ha regido desde que se consolidó como lengua general de uso en España.

IMPONER LAS FORMAS DE HABLAR: POLÍTICA Y LENGUAJE

Se tardaría muchos años en descubrir el valor político de las palabras, o en que los políticos se percataran de que el lenguaje puede ser una herramienta de dominación o de influencia. No es que los griegos, desde Aristóteles, no supieran de retórica, siendo, como es, una disciplina que ellos contribuyeron a crear, o que Cicerón, Quintiliano o cualquier dominador clásico del latín no conociera la importancia de la oratoria. Lo que quiero decir es que el vocabulario de una lengua cualquiera evoluciona muy lentamente y solo a medida que el pueblo lo va acogiendo para comunicarse ha tenido, en algunos periodos históricos, cambios bruscos debidos a movimientos revolucionarios, que han impuesto términos necesarios para explicar nuevas realidades políticas y sociales. Ocurrió, paradigmáticamente, con la Revolución francesa, el inicio del constitucionalismo en España, o los procesos de independencia de las colonias americanas.

A finales del siglo XVIII, en los años preliminares al estallido de la Revolución francesa y a partir del desarrollo de esta, se produjo también una revolución de las palabras. Palabras nuevas de enorme significación política para poner nombre a instituciones y derechos antes inexistentes: *asamblea legislativa, elecciones, soberanía nacional, separación de poderes, liberal, guillotina, sansculotte, derechos del hombre, igualdad, fraternidad, bienestar, felicidad, libertad, libertad de industria y comercio, libertad de imprenta,* y tantas otras de gran significación política y social. Algunas se habían hecho presentes en el pensamiento de la Ilustración, pero la Revolución fue el movimiento que las constitucionalizó y fijó en las declaraciones de derechos. Aportaban novedades para la lengua muy relevantes. Por lo pronto, suponían una súbita y rapidísima renovación del vocabulario.

Revolución, reforma, soberanía nacional, nación, unidad nacional, patria, división de poderes, poder legislativo, arbitrariedad, constitución, poder judicial o judiciario, responsabilidad, funcionario público, derechos del hombre, igualdad, libertad, seguridad, propiedad... Muchos periódicos de la época se dedican a dar cuenta de la significación de las palabras revolucionarias e incluso llegan a dar por entregas relaciones de definiciones de los vocablos de moda. Así lo hace el *Semanario Patriótico* en relación con la palabra *pueblo.* O *El Censor* en relación con las palabras *gobierno, leyes fundamentales, constitución* y *patriotismo.*

Las palabras en esta época dejaron de tener la misma significación neutral e indiferente que habían tenido durante todo el Antiguo Régimen. A partir de entonces, la aceptación o no de lo nuevo empezó a tener también significación política y podía determinar que quien las aceptara fuera calificado de *afrancesado* o *patriota*, de *conservador, absolutista* o *constitucionalista, de servil* o *liberal*. Incluso para la lucha de palabras contra palabras, los diccionarios, que hasta entonces habían sido herramientas absolutamente neutrales e indiferentes a la política, se empezaron a emplear también con sesgo ideológico no disimulado.

La muestra más expresiva de esta instrumentalización fueron los diccionarios burlescos, que aparecieron en los primeros años del siglo XIX para zaherir a los adversarios políticos mofándose de su inclinación a usar palabras nuevas o acepciones nuevas de palabras antiguas cuyas definiciones ridiculizaban. Se publicaron por entusiastas de las diferentes ideas políticas y filosóficas en liza. Para parodiar a políticos, afrancesados o progresistas a cualquier título, se editó en 1811, de manera anónima, el *Diccionario razonado manual para inteligencia de ciertos escritores que por equivocación han nacido en España. Obra útil y necesaria en nuestros días*. Su modelo puede haber sido el *Diccionario antifilosófico* del abate Claudio Adriano Nonote, que se había publicado como refutación del *Dictionnaire philosophique* de

Voltaire. Este no había sido traducido en España, por razones de censura, pero generó ese tipo de literatura burlesca que se prorrogaba con réplicas y contrarréplicas jocosas. Detrás de la autoría del *Diccionario razonado manual* estaban los diputados absolutistas, como Pastor Pérez o Freire Castrillón, o algún clérigo de apellido Ayala, como quedó de manifiesto en un proceso incoado con motivo de la réplica de Bartolomé José Gallardo, a que me refiero seguidamente.

Los grupos liberales reaccionaron apoyando otra obra paródica, que provocó gran escándalo, hasta el punto de que su autor dio con sus huesos en la cárcel. Se tituló *Diccionario crítico burlesco del que se titula «Diccionario razonado manual para inteligencia de ciertos escritores que por equivocación han nacido en España»*. Aunque se publicó también como panfleto anónimo, se sabía que su autor había sido Bartolomé José Gallardo, bibliotecario de las Cortes de Cádiz. El *Diccionario crítico burlesco* de Bartolomé José Gallardo se publicó en una primera versión, de apenas veintidós páginas, que luego se fueron ampliando, hacia 1811. Era de orientación liberal y anticlerical, y mantenía evidentes conexiones con críticas contrarias a la Inquisición que aparecen también en algunos grabados de Goya[8].

Al género pertenece también el *Nuevo vocabulario filosófico democrático, indispensable para todos los que deseen conocer la nueva lengua revolucionaria. Escrito en italiano y traducido al español*, del que es autor el jesuita Lorenzo Ignacio Thiulen, en Venecia, que se edita en Sevilla en 1813.

La conveniencia de difundir los planteamientos políticos y de enseñar al pueblo a manejarlos determinó una gran difusión de folletos, catecismos políticos, hojas volantes, discursos, sermones, arengas, proclamas, coplas, anagramas, proyectos, artículos de prensa, que servían para la educación política de los ciudadanos. Ocurrió en España y América un fenómeno parecido al acontecido en Francia cuando el rey Luis XVI levantó la censura a los solos efectos de oír a los ciudadanos manifestarse sobre las necesidades del país. La medida produjo allí el efecto de que no menos de 3 000 escritos fueran enviados a la corte y que el siempre agudo Alexis de Tocqueville valorara años más tarde el fenómeno asegurando que los hombres de letras se convirtieron en los principales políticos del país. Todos escribían para resaltar los fenómenos políticos que estaban viviendo y explicarlos a los ciudadanos con menos capacidad de comprensión o análisis.

Tenían, los mencionados diccionarios, el cometido de ajustar y dar a conocer el lenguaje nuevo y la significación más correcta de las palabras, para procurar que pasaran a formar parte del lenguaje común de los ciudadanos.

Esta función educativa específica la asumieron en América otras publicaciones como los *catecismos políticos*. Se trataba de piezas editadas como folletos o pequeños libros muy accesibles, que explicaban con sencillez las palabras nuevas que consagraba el constitucionalismo y las declaraciones de derechos. Eran textos que recogían ese vocabulario esencial para su conocimiento y manejo por personas de escasa formación, sin particular vinculación con la política, las ideas en boga sobre el origen y significación de la independencia, los derechos de los ciudadanos, las formas de gobierno, la defensa de la religión, la filosofía elemental de la Ilustración, la educación o la cultura política nuevas, aunque también hubo catecismos en América para recoger las ideas de fidelidad a la Corona. Fue el caso del *Catecismo regio,* o *Cartilla real*, en el que se recogían los deberes de los súbditos con el rey y las nociones esenciales sobre el origen divino de la monarquía. Incluso estos catecismos políticos fueron los primeros en aparecer en América porque son anteriores al comienzo de la crisis de la institución monárquica en aquel espacio. Fue muy influyente el *Catecismo del Estado* de Joaquín Lorenzo Villanueva, publicado inicialmente en Madrid en 1793. Pero ya aparecían en esta clase de catecismos los nuevos vocablos que estaban revolucionando la política, como muestra el *Catecismo real patriótico* de Cañete, que circuló en el Alto Perú como reacción a uno de carácter independentista que se había publicado en Buenos Aires en 1811.

En España, los catecismos publicados para explicar los conceptos de la Constitución de Cádiz fueron prohibidos y mandados recoger cuando volvió Fernando VII en 1814. Este mismo mandato se envió a América en 1816, sin ningún éxito, como puede suponerse[9].

En Buenos Aires en 1811 se imprimió el *Catecismo público para la instrucción de los neófitos o recién convertidos al gremio de la sociedad patriótica.* En Chile un autor camuflado con el seudónimo de José Amor de la Patria redactó en 1811 un *Catecismo político cristiano.* O en 1814 el *Catecismo o dispertador patriótico, cristiano y político,* que iba dedicado según se lee en el mismo a «los paisanos y militares voluntarios de la provincia de Salta». En Nueva Granada, el sacerdote Juan Fernández de Sotomayor publicó el *Catecismo o instrucción popular,* editado en 1814, que niega los títulos de conquista de España sobre América y además critica la obra de la Corona en el Nuevo Mundo. En 1821 apareció en México el primer catecismo patriota originario de la región. Consumada la independencia se editó el *Catecismo de la independencia* de Ludovico de Lato-Monte, que era el seudónimo del escritor Luis de Mendizábal. De 1821 datan dos catecismos que aparecieron en Salvador de Bahía, en Brasil. Se publicaron en ediciones del *Semanario Cívico* de marzo y de mayo. Difundían los principios de la monarquía constitucional. La publicación y difusión del catecismo se justificaba señalando que la «instrucción pública era la base de la felicidad de las naciones» y que no bastaba con poseer una constitución sabia sino que había que tener educación adaptada para recibirla. Avanzada la independencia se publicaron muchos catecismos para explicar sus principios. El primer catecismo propiamente republicano editado en México fue el *Catecismo de la República o elementos del gobierno republicano popular federal de la nación mexicana*, que publicó A. M. Vargas en 1827. Aquí aparecían conceptos que entraron entonces en la circulación de aquellas latitudes como *patria, pueblo, soberanía, república, hombre libre y ciudadanía*, todos básicos en la definición de los entes políticos surgidos con la independencia. También *patriota, sociedad patriótica, gobierno republicano, independencia, pueblos libres*... Otros vocablos nuevos del periodo eran *república, nación, pueblo soberano, diputados, representantes, ciudadanos, conciudadanos, soldados defensores de la patria, hombres libres, patriotas americanos y sociedad civil*, todos ellos signos inequívocos del surgimiento de actores políticos diferentes de los existentes hasta entonces y que la palabra escrita difundía y explicaba a la sociedad. Los catecismos difundían y precisaban los conceptos, tratando de generalizar su uso en el español común.

No ha vuelto a pasar, en dos siglos de constitucionalismo, algo que haya conmocionado tan intensamente el lenguaje como la transición del Antiguo al Nuevo Régimen, jurídico, político y social, en el quicio entre los siglos XVIII y XIX.

La normalización del uso del lenguaje nuevo, no ya del que tenía carácter político y constitucional, sino de la lengua que identificaba a la nación, requirió, en Francia, mucho tiempo y acciones sostenidas. El francés era esa lengua y su utilización en toda la Francia revolucionaria resultaba seriamente obstaculizada por el *patois*, muy extendido en amplias regiones. Era un problema para la implantación de los nuevos principios y se iniciaron enseguida acciones para erradicarlo. Fue muy influyente, y explicativo del alcance del problema, el abad Henri-Baptiste Gregoire, que, entre otras reclamaciones en favor de la universalización del francés, hizo público, en 1794 un *Rapport sur la nécessité et les moyens d'anéantir les patois et d'universaliser l'usage de la langue française.* El informe revela que no hablaban exclusivamente francés alrededor de quince departamentos. Y le parecía paradójico e inaceptable que menos de tres millones de franceses sobre veinticinco usaran la lengua nacional y que, al menos seis millones, en las zonas rurales, la ignorasen. El impacto que produjo el informe determinó que la Convención adoptara un decreto que estableció: «El Comité de Instrucción Pública presentará un informe sobre los medios de ejecución de una nueva gramática y un vocabulario nuevo de la lengua francesa...».

La política de erradicación del patois ha tenido un largo recorrido histórico, como ha probado con gran precisión Eugen Weber, en su documentado libro *De campesinos a franceses: La modernización del mundo rural, 1870-1914*[10]. Las localidades de Francia en las que no había progresado el francés oficial después de la I Guerra Mundial seguían siendo muy numerosas.

Programas políticos de alteración de los usos del lenguaje por el pueblo no han vuelto a producirse después de aquellas etapas iniciales de realización del constitucionalismo y abandono de las prácticas políticas del Antiguo Régimen. Las pocas excepciones que pueden establecerse a esta aseveración han ocurrido en épocas en las que se abandonaron los principios de la democracia representativa y se implantaron regímenes autoritarios. Desapareció temporalmente el constitucionalismo liberal y, con él, su vocabulario político. Como esta transformación no era debida a la voluntad del pueblo, sino a la de los autócratas, los nuevos códigos lingüísticos se impusieron por la fuerza, como una política de Estado.

Ocurrió, por ejemplo, en Europa, con el nazismo, como han estudiado Victor Klemperer (*LTI. La lengua del Tercer Reich*, Editorial Minúscula, Barcelona, 2001), o J. F. Fuentes entre nosotros (*Totalitarianisms: The closed society and its Friends*, Santander, Cantabria University Press, 2019, pág. 133 y sigs.).

EL LENGUAJE, HERRAMIENTA DEL PODER

En nuestra época, pasada la primera mitad del siglo XX, las utilizaciones del lenguaje como herramienta de poder han cobrado nuevos bríos y formas de imposición. Los grupos y dirigentes políticos han aprendido que los mensajes no son nunca completamente neutros, ya que, dependiendo de las formulaciones lingüísticas que se utilicen, los usuarios pueden interpretarlos de diferentes maneras y es posible, por tanto, inducir sus respuestas y actitudes. Esta constatación, explicada en la teoría de la argumentación[11], supone que la elección de las palabras que se emplean al formular un discurso o dirigirse a los demás es esencial para conducir la interpretación que se espera que asuma el interlocutor.

Se puede orientar la interpretación del destinatario del discurso evitando conceptos que se perciben como negativos y empleando a cambio otros que tienen connotaciones positivas. Por ejemplo, no usar recesión, crisis, despidos o emigración y sustituirlos por eufemismos como crecimiento negativo, gradual desaceleración, reajuste de plantilla o movilidad exterior. Las denominaciones eufemísticas tienen, generalmente, la finalidad de encubrir una realidad que resulta embarazosa para quien las usa y que podría amenazar su imagen, sea un político, un partido o una marca.

La palabra es poder, como tituló F. Luntz su libro sobre la cuestión[12], porque quien controla las palabras que se incluyen en un mensaje puede crear una figuración distinta de la realidad o una manera singular de entenderla. No solo cuando el mensaje es claro sino también cuando emplea conceptos deliberadamente oscuros, con abuso de la perífrasis y la palabrería. Orwell llamó «neolengua», en su 1984, al estilo oscuro y autoritario. En definitiva, la elección cuidadosa de las palabras influye en las respuestas de los ciudadanos ante un mismo hecho.

Se puede condicionar al interlocutor por el orden en que se emplean las palabras. Se ha probado por la psicología un sesgo cognitivo que determina que se recuerde más fácilmente la información presentada en primer lugar. Si para calificar una persona con cinco adjetivos se pone por delante que es inteligente, es esto lo que se retiene preferentemente. El orden de la información influye en la interpretación del mensaje, y estimula la adopción de una determinada conducta, que el autor del mensaje puede tratar de inducir[13].

Desde estas prácticas políticas y sociales, que forman parte de la vida cotidiana y que no afectan al sistema del lenguaje sino a relaciones concretas, se ha pasado, a partir de finales del siglo XX, a un reiterado ejercicio de los poderes públicos y también de los prestadores de servicios de interés general en posición de dominio en los sectores en que operan, de cambiar la normativa lingüística, generando variantes que no tienen en cuenta o se desvían sensiblemente de las obras normativas académicas.

Algunas de estas acciones no pasan del grado de amenaza, pero deben ser consideradas.

Procede, antes de hacerlo, una explicación sobre cómo se forman las llamadas «normas» o «regulaciones» académicas. La Real Academia Española, desde su fundación en 1713, ha mantenido tres obras a las que se ha reconocido carácter normativo por los hispanohablantes: el *Diccionario*, la *Gramática* y la *Ortografía*. Ninguna de estas obras procede de un poder público (la Academia no tiene tal carácter); no son, por tanto, reglamentaciones administrativas. Son normas de procedencia privada que si se acatan por los ciudadanos, es porque han sido elaboradas por una institución a la que se reconoce una gran *auctoritas* en la materia, que ha ejercido sin interrupción desde hace más de trescientos años. Su procedencia otorga a las normas de la Academia, si acaso, la condición de *soft law,* derecho blando, cuyos incumplimientos no conllevan sanciones penales o administrativas sino, a lo más, reprobaciones sociales, por manifestar el incumplidor falta de conocimiento de reglas lingüísticas necesarias para ser considerado un ciudadano con un mínimo nivel educativo.

Siempre ha sido así. A los ciudadanos no se les impone la manera de hablar, son ellos los que deciden sobre la lengua y sientan las pautas en que se basan sus reglas. La Real Academia Española, durante más de dos siglos en solitario y actualmente en colaboración con las otras veintidós academias existentes en países de habla española, recoge información sobre el uso de la lengua y, a partir de ella, forma las normas y las va adaptando a los tiempos. Esto se hace con carácter general para todo el universo hispanohablante, asegurando así la unidad de las reglas lingüísticas.

En ocasiones, las normas académicas se transforman en reglamentaciones administrativas, lo que implica un cambio de naturaleza. Este fenómeno es bastante frecuente en el derecho actual en relación con normas de origen privado, que adquieren la condición de reglamentaciones administrativas, bien porque las normas administrativas se remiten a ellas o bien porque estas reglamentaciones públicas las acogen total o parcialmente[14].

Los poderes públicos dan fuerza de obligar imperativamente a las normas académicas cuando las incorporan a sus textos legales o administrativos, o se remiten a ellas. Pero la regulación directa de la lengua por los poderes públicos es, sin duda, una opción inexistente en cualquier Estado de derecho, y es, más bien, propia de los gobiernos autocráticos o totalitarios, como ya he mencionado. El sistema de la lengua se forma de abajo arriba, del hablante a la estandarización y normalización, no a través de la imposición obligatoria de un determinado vocabulario o forma de uso.

Y, sin embargo, los comienzos del siglo XXI han conocido muchos ejemplos de alteración de esa máxima, unas veces por los poderes públicos y otras por entidades privadas que prestan servicios de interés general en sectores en los que disfrutan de posiciones de dominio. Para el primer caso, son buenos ejemplos algunas de las reglamentaciones públicas sobre el denominado «lenguaje inclusivo». En relación con lo segundo, los avances de la tecnológicas globales en el empleo del lenguaje natural por la inteligencia artificial.

LOS CAMBIOS TECNOLÓGICOS Y SOCIALES, Y LA NORMATIVA DEL LENGUAJE

La presión de la inteligencia artificial

La relación de la Academia con la lengua se produce con la intermediación de los propios usuarios del idioma, siempre personas dotadas de inteligencia natural a los que la Academia puede dirigirse directamente porque tienen capacidades que les permiten entender los mensajes de la institución.

La utilización de la lengua por la inteligencia artificial cambia este panorama tradicional. La RAE no tiene relación directa con las máquinas, ni posibilidad de corregir directamente la eventual barbarie con la que manejen el idioma. La lengua de las máquinas la determinan sus programadores. Siempre se han adaptado las obras académicas a los cambios, muy lentos, que los hablantes introducen en el idioma. Son muchos millones de agentes los propietarios de la lengua, a los que esta institución sigue con toda meticulosidad apuntando sus mutaciones y variantes en toda la geografía universal del español. Desde hace pocos años y con una intensidad creciente, los cambios no son obra exclusiva de la comunidad de los hispanohablantes porque se han introducido en el sistema de la lengua agentes nuevos, las empresas tecnológicas que usan inteligencia artificial, que son potenciales reguladores o, al menos, prescriptores de nuestra propia lengua, con capacidades para imponer variantes que pueden no coincidir con los usos comunes de los humanos. Además esas prescripciones se establecen como reglas de uso a toda la extraordinaria legión de nuevos usuarios de la lengua, que son cientos de millones de máquinas parlantes.

La cuestión esencial radica, no obstante, en la posibilidad de que se establezcan estándares poco exigentes para el lenguaje de las máquinas, o también que se generen diferencias importantes entre las lenguas instaladas en sus máquinas por las principales empresas tecnológicas. Es posible, por ejemplo, lo más elemental: que el vocabulario con que se dota a la inteligencia artificial hablante sea menor en unos casos que en otros. Puede ocurrir que algunas máquinas parlantes acepten jergas o particularismos lingüísticos desconocidos por otras, abunden en variantes fraseológicas que no hayan sido asumidas por todos los programadores o, en fin, que se utilicen de modo sesgado o se eliminen especialidades lingüísticas de algunos territorios; o lo contrario: que se desplace el sistema común del idioma.

Estas especialidades pueden ser el germen de «dialectos digitales» —llamémoslos así— que tensionen la unidad y establezcan las bases de una fragmentación del uso del idioma que la normativa académica ha logrado evitar durante más de trecientos años. Sería un grave retroceso, desde luego, con un impacto cultural de enorme envergadura.

Las empresas más avanzadas en el desarrollo de la inteligencia artificial capaz de manejar el lenguaje natural son corporaciones globales que acabarán sometidas a normas éticas y regulaciones jurídicas de alcance regional europeo (la llamada Ley de la IA europea) o, tal vez, de aplicación universal. Pero no prevén estas normas limitaciones contra las alteraciones lingüísticas no basadas en el uso de los hablantes. Este defecto es uno de los famosos sesgos en que pueden incurrir los algoritmos, pero es constatable que las regulaciones en proyecto no les prestan la atención que merecen.

La RAE, por lo que concierne al español, consciente de que el respeto a los cánones de nuestra lengua depende de los programadores de las empresas globales, inició negociaciones con ellas, desde 2019, para lograr que tuvieran en cuenta y utilizaran las herramientas lingüísticas de la Academia para entrenamiento de su inteligencia artificial. La homologación o armonización tendrá lugar por esta vía del consenso. Las grandes corporaciones se juegan también que los usuarios acepten o rechacen la manera en que sus máquinas usan nuestro idioma.

La proliferación de normas sobre lenguaje inclusivo

Las reglamentaciones y usos de la lengua impuestos por los poderes públicos plantean problemas bastante distintos de los aludidos concernientes a la IA. Por lo pronto, son fenómenos que ocurren dentro del Estado y, por tanto, tienen que someterse a los principios y normas de la Constitución.

El caso más frecuente en la actualidad, y llamativo por sus consecuencias, es el del llamado *lenguaje inclusivo,* que apela a formas de usar las palabras y adaptar el sistema de la lengua para que, con independencia de que coincida o no con los usos generalizados de los hablantes, visibilice al sexo femenino, que se entiende desigualmente tratado por tradiciones lingüísticas que abusan de formas masculinas y discriminan a la mujer. Se trata, por tanto, de imponer, por la vía de las reglamentaciones públicas, formas de hablar que tengan en cuenta la igualdad de sexos.

La práctica de las reglamentaciones de este tipo se ha extendido mucho. La Real Academia Española se ha pronunciado sobre ellas en diferentes ocasiones.

Además de en sus obras generales, específicamente en el *Informe sobre el uso del lenguaje inclusivo en la Constitución española elaborado a petición de la vicepresidenta del Gobierno,* emitido el 16 de enero de 2020; en el documento de la misma fecha titulado *Sobre sexismo lingüístico, femenino de profesión y masculino genérico. Posición de la RAE;* y en la *Nota de la Real Academia Española sobre las «Recomendaciones para el uso no sexista del lenguaje en la Administración parlamentaria»*, emitida el 13 de febrero de 2024.

La doctrina de la Real Academia Española en materia de lenguaje inclusivo, muy resumidamente expuesta, establece lo siguiente: Los sustantivos en español pueden ser masculinos o femeninos. Cuando el sustantivo designa seres animados, lo más habitual es que exista una forma específica para cada uno de los dos géneros gramaticales, en correspondencia con la distinción biológica de sexos.

Hay en nuestro idioma sustantivos comunes en cuanto al género, es decir que tienen una sola forma para los dos géneros gramaticales (*pianista, pediatra, profesional*). Otros sustantivos son epicenos, que tienen un solo género gramatical para referirse indistintamente a los dos sexos. Hay epicenos masculinos (*personaje, vástago, tiburón*) y epicenos femeninos (*persona, víctima, hormiga*). La mayoría de los sustantivos que denotan animales no domésticos son epicenos y, cuando se necesita explicitar el sexo del referente, se añade la especificación «macho» o «hembra» (*la ardilla hembra, el mosquito hembra, la jirafa macho*). En fin, hay sustantivos ambiguos en cuanto al género porque admiten su uso en uno u otro género sin que cambie el significado (*armazón, mar*).

Partiendo de estas constataciones, la última edición del *Diccionario panhispánico de dudas* de la Real Academia Española contempla los problemas que plantea actualmente el uso genérico del masculino, es decir, el empleo del masculino con referencia a seres de uno y otro género.

Entre las cuestiones que suscita esta práctica, la primera concierne a la utilización del masculino gramatical en determinados contextos para designar no solo a individuos de sexo masculino, sino a todos los individuos de la especie sin distinción de sexos (*El gato es un buen animal de compañía; El profesor es la máxima autoridad dentro del aula*). En general, los sustantivos animados masculinos, cuando se usan en plural, pueden incluir en su designación a seres de uno y otro sexo: *En mi barrio hay muchos gatos; Se ha convocado una huelga de profesores.* Por lo general, el contexto, el conocimiento del mundo o el sentido común orientan sobre cuál es la interpretación que corresponde en cada caso. El género femenino, por el contrario, es el término marcado; es decir, se refiere en exclusiva a los seres de sexo femenino, de modo que la expresión *las alumnas* únicamente puede aludir a un colectivo formado por mujeres. No se considera aceptable, como hacen algunos hablantes para combatir el supuesto sexismo que se atribuye al uso genérico del masculino, utilizar el femenino en referencia a conjuntos mixtos. Este uso supone una alteración consciente del funcionamiento asentado del sistema de género en español, que induce a confusión, pues la condición del femenino como término marcado, y por tanto su referencia exclusiva a las mujeres, sigue firmemente asentada en la conciencia lingüística de la generalidad de los hablantes.

No obstante lo anterior, hay masculinos que no admiten interpretación genérica: solo designan seres de sexo masculino sustantivos como *fraile, marido, gallo* o *toro* (en oposición a los femeninos *monja, mujer, gallina* o *vaca*).

También hay que constatar que, por razones históricas o socioculturales, ciertas profesiones han sido tradicionalmente desempeñadas por mujeres y en la práctica han sido raros los usos masculinos (*enfermeras, parteras, azafatas*). En la actualidad, sin embargo, se ha normalizado también el uso masculino.

Un problema que analizan las guías y reglamentaciones del lenguaje inclusivo que se han difundido en los últimos años es el de las estrategias que suelen proponerse para evitar el uso genérico del masculino.

El argumento de que se valen estas propuestas es siempre la afirmación de que el uso genérico del masculino gramatical invisibiliza a la mujer y constituye una manifestación de sexismo lingüístico. La Real Academia Española cree que esta afirmación resulta contradictoria con siglos de funcionamiento de ese mecanismo inclusivo en español y otras muchas lenguas, y, sobre todo, con su presencia en el habla espontánea de los hispanohablantes en la actualidad.

Una de esas estrategias modernas, la más reiterada, es el desdoblamiento con mención explícita de los dos géneros. Ocurre casi exclusivamente en los ámbitos de la política y la educación (*compañeros y compañeras, trabajadores y trabajadoras, alumnos y alumnas*).

Estos desdoblamientos —argumenta el *Diccionario panhispánico de dudas*— «no son incorrectos desde el punto de vista lingüístico, puesto que se entiende en estos casos que el masculino se usa solo en su sentido específico referido en exclusiva a los varones; pero sí son completamente innecesarios la mayor parte de las veces, resulta difícil mantenerlos con constancia a lo largo del discurso y, de conseguirlo, el texto deviene sumamente farragoso, lo que dificulta la comprensión del mensaje. Además, el deseo de mitigar la pesadez de la expresión provocada por estos desdoblamientos conduce a soluciones artificiosas que contravienen las reglas de la gramática».

Solo cuando la oposición de sexos es un factor relevante en el mensaje es necesaria la mención explícita de los dos géneros (*La proporción de hombres y mujeres que acceden a internet se va igualando*; *Los niños y las niñas tienen los mismos promedios*...). También en usos vocativos, por razones de cortesía, son normales y aceptables los desdoblamientos: *Señoras y señores, Niñas y niños.* O en el encabezamiento de circulares o cartas no personalizadas.

Para evitar el desdoblamiento se ha postulado la utilización de marcas de género inclusivo como el símbolo de la arroba (@), que integraría en una sola palabra las formas masculina y femenina del sustantivo. Pero la arroba no es un signo lingüístico, y además es imposible su lectura salvo que se reproduzca oralmente el desdoblamiento que se pretende evitar. Como alternativa a la arroba, también se ha propuesto la utilización de la letra x, que al igual que la arroba, es un recurso innecesario, da lugar a secuencias impronunciables u obliga a reproducir el desdoblamiento.

Un intento de superación de estas marcas de género es el empleo de la letra e. Esta solución da lugar a secuencias pronunciables, pero ni ha sido aceptada por la comunidad hispanohablante ni ha desplazado en esa comunidad el uso común del masculino genérico.

Otra opción, que está generalizándose en muchos documentos de diversos poderes públicos en España, es la sustitución del masculino genérico por la secuencia «persona + adjetivo/sustantivo femenino». Es decir, usar expresiones como *Las personas migrantes, Las personas discapacitadas,* o *Las personas homosexuales.* La Real Academia Española sostiene que este es un recurso bienintencionado y lingüísticamente impecable, pero no debe conducir a considerar inadecuado el uso de los sustantivos equivalentes.

Esta opción plantea la ventaja de que, además, persona es femenino. Según se emplea en estas nuevas propuestas para evitar el masculino genérico, hay que adjuntar a *persona* el sustantivo que denota su pertenencia a una clase o grupo: *persona trabajadora, persona periodista, persona arquitecta* (en lugar de *trabajador, periodista, arquitecto*). Pero no suele apreciarse que en algunos de estos casos el sustantivo y el adjetivo de la misma forma no son semánticamente equivalentes: no es lo mismo *una persona trabajadora* que *un trabajador,* ni *una persona deportista* que *un deportista.*

Esta crítica es suficiente, sin necesidad de añadir que, además, son fórmulas innecesarias, artificiosas, chocantes y antieconómicas frente al uso común asentado del masculino genérico[15].

La doctrina de la Real Academia Española no es una acumulación de respuestas arbitrarias a los problemas que plantea la utilización del masculino y el femenino en el lenguaje usual, o sobre el valor que hayan de mantener algunas soluciones lingüísticas tradicionales. La normativa académica deriva de la experiencia de trescientos años de ejercicio de la tarea de estudiar la situación del idioma y las variantes de su empleo por los hablantes. Fija las reglas de la lengua usando como criterio sus comprobaciones empíricas sobre el uso.

Frente a esta actitud, las reglamentaciones o recomendaciones públicas del lenguaje inclusivo son imposiciones que no se corresponden con los usos reales de la lengua, sino que se apartan de la forma de hablar de la comunidad hispanohablante para tratar de sustituirla por otra. Se separa la lengua oficialmente correcta y la lengua de uso general. La lengua de la política y de la Administración se distancia de la lengua del pueblo.

Hemos recordado más atrás que no es la primera vez en la historia de cualquier idioma que los poderes públicos intervienen para orientar los usos lingüísticos. La lengua es compañera del Imperio, como aseguró Nebrija, porque las leyes y las normas administrativas contribuyen a difundir las maneras cultas de hablar de la población a la que se dirigen. Así hemos visto que ocurrió históricamente con los fueros y la legislación municipal. Imponer, mediante normas de las Administraciones públicas, palabras oficialmente correctas o recomendables, o formas gramaticales, que quedan fueran del sistema de la lengua y que han sido creadas al servicio de políticas de moda, solo ha ocurrido históricamente en el caso de los gobiernos autoritarios.

Añadamos a estas perversiones otra no menor: la aparición de directivas del poder público sobre la lengua implica una fragmentación de su normativa que no ha ocurrido en la geografía hispanohablante desde el siglo XVIII y que quedó superada con la creación de la Real Academia Española en 1713. La unidad de regulación está siendo objeto de un gravísimo, por inconsciente, golpe, que extiende sus efectos tanto a España como a Hispanoamérica. Nos situamos ante el riesgo insólito de romper con la vigencia general de la regulación y que la unidad de la lengua, que es el valor más estimado que han defendido las academias, se sustituya por reglamentaciones que, sin atender a la realidad del uso, impongan variantes que, para colmo, pueden ser distintas dependiendo de la institución que las dicte y el país en el que vayan a regir[16].

Podría entenderse mejor el grave problema descrito si estuviéramos ante un movimiento revolucionario que tratara de imponer legislativamente valores no reconocidos, marginados o reprimidos. Ocurrió durante la Revolución francesa, cuando la lengua se convirtió en una herramienta fundamental del poder para transformar la sociedad e imponer derechos y valores no existentes durante el Antiguo Régimen. Pero no es el caso: los valores de igualdad que esas reglamentaciones dicen defender están constitucionalizados. Y lo que hay que plantear es si los poderes pueden interferirse legítimamente en el proceso de formación del lenguaje general de comunicación.

NO CORRESPONDE A LAS LEYES DECIDIR EL LÉXICO NI FIJAR LA GRAMÁTICA

No contamos en nuestro país con referencias jurisprudenciales útiles para resolver la cuestión de si los poderes públicos cuentan con las atribuciones necesarias para imponer normas gramaticales a los ciudadanos. Las decisiones de los tribunales con que contamos en materia lingüística se refieren, y con gran profusión, a las regulaciones del uso de las lenguas cooficiales en los territorios del Estado en los que, de acuerdo con los correspondientes estatutos de autonomía, han sido reconocidas.

Pero no es esta una cuestión que esté relacionada con la que ahora nos ocupa, sino con la aplicación de las políticas concernientes al derecho al uso de la lengua oficial por los ciudadanos y a los deberes de los poderes públicos para hacer efectivo ese derecho. No incluyen estas competencias públicas el poder de variar las normas de la lengua oficial cambiando su gramática.

Un caso importante para aproximarse a la anterior cuestión es el resuelto por la sentencia del Tribunal Constitucional Federal alemán de 14 de julio de 1998[17]. La Sala Primera de ese tribunal conoció de la impugnación de una norma que establecía la obligatoriedad de determinados principios ortográficos. La sentencia estudia detalladamente la función y valor de la ortografía desde sus orígenes, y, en relación con ello, las implicaciones jurídicas y políticas de que el Estado adopte una reforma de la lengua. Una reforma lingüística asumida por el Estado se convertiría en una regulación pública de la lengua, es decir en una norma cuyo cumplimiento estaría garantizado por el poder público. Se produciría así el fenómeno de intervención descrito un poco antes en estas notas.

La sentencia se refiere a una reforma de la ortografía propuesta por el Instituto de la Lengua Alemana y la Sociedad para la Lengua Alemana, que tenía por objeto «facilitar la escritura sin dificultar la lectura». La cuestión fue muy discutida, pero se trataba de aplicar reglas como la de duplicar consonantes finales después de una vocal corta (*tipp* en lugar de *tip*: 'consejo, recomendación'), o la regla por la que se suprimían las letras repetidas en las palabras formadas por la unión de otras palabras, como es tan usual en alemán. Por ejemplo, de esta manera se llega a grafías aberrantes como la triplicación de la f en *Schifffahrt*, una palabra formada por *Schiff* y *Fahrt*.

La reforma ortográfica pretendió unificar criterios para la escritura de la lengua, que se habían desarrollado de modos diferentes en las distintas regiones, y que habían permanecido. La ortografía, de ser competencia de alguien, lo sería en Alemania de los Estados federados, por lo que la reforma a que me refiero surgió de un acuerdo entre diferentes instituciones como el Instituto Leibniz de lengua alemana, que fue al que encargó la reforma la Conferencia de Ministros de Cultura alemanes y el ministro federal de Interior. Su propuesta fue asumida en la declaración común de intenciones de 1 de julio de 1996 (Declaración de Viena) por representantes de Austria, Suiza, Bélgica, Italia, Liechtenstein, Rumanía, Hungría, y por la Conferencia de Ministros de Cultura, la Conferencia de Ministros Presidentes de los Estados Federados y el Ministerio Federal del Interior en la propia Alemania.

Los *Länder* decidieron aplicar la reforma e implantar la ortografía por vía escolar. De acuerdo con la Declaración de Viena, tendría carácter preceptivo en la enseñanza a partir del 1 de agosto de 1998.

Las medidas fueron impugnadas por ciudadanos a título particular (escritores, padres de alumnos), editoriales e instituciones tan importantes como el Parlamento Federal, que llegó a manifestar que «la lengua se desarrolla por el uso que hacen los ciudadanos y las ciudadanas... la lengua pertenece al pueblo». La interposición de un recurso de amparo contra la legitimidad de la reforma permitió al Tribunal Constitucional Federal estudiarla desde un punto de vista estrictamente jurídico.

El tribunal hace consideraciones importantes sobre el carácter no estatal de la lengua, circunstancia que impediría que el Estado ejerciera su poder de ordenación de modo libre, pero acepta que pudiera ordenar «actuaciones reguladoras que excluyan contradicciones entre los usos de la escritura o dudas sobre la correcta forma de escribir también por razones de simplificación» (párrafo 124 de la sentencia). Y también que «El objetivo de facilitar el aprendizaje de una escritura correcta mediante la simplificación de las reglas ortográficas y los modos de escribir es un asunto de interés público que, en términos constitucionales, justifica suficientemente la nueva regulación».

Pero el tribunal hizo esta precisión considerando que la obligatoriedad de observar las nuevas reglas de escritura solo afectaba al ámbito educativo, y no a otros hablantes que estuvieran fuera de él. Lo que implica que la capacidad reguladora del Estado solo puede aplicarse a los individuos que están en una determinada edad o etapa de maduración, pero no al conjunto de los ciudadanos o de los hablantes. Más en concreto, a los que están en periodo educativo en los centros de enseñanza. Se aplicaría la reforma a los alumnos escolarizados, pero no fuera de este ámbito. Y la competencia resultaría del artículo 7.1 de la Ley Fundamental, que atribuye al Estado la supervisión de todo el sistema educativo[18].

En otro orden de cosas, el tribunal también concluye que una reforma de esta clase no hace falta que se contenga en una ley parlamentaria, porque la ortografía, en el espacio lingüístico germánico, no descansa en reglas jurídicas «sino en reglas lingüísticas que son extrajurídicas» (párrafo 169 de la sentencia).

Otro ejemplo comparado importante ha sido el contencioso originado en Francia por la circular de 21 de noviembre de 2017 «relativa a reglas de feminización y de redacción de textos publicados en el *Journal Officiel* de la República Francesa». Aunque se han hecho lecturas exageradas del contenido de esta circular, su objetivo era la «promoción y la utilización de la forma femenina en ciertos términos, y en particular las funciones, con respeto a las reglas gramaticales».

Los criterios de la circular eran bastante prudentes respecto del alcance de la feminización y en ningún caso pretendieron cambiar las reglas gramaticales asentadas. Es de señalar especialmente que la circular indica que lo correcto, en cuanto al masculino genérico, es utilizarlo, ya que se trata de una forma neutra que comprende tanto a los hombres como a las mujeres. En lo que más incide, sin embargo, es en la designación de la persona titular de un órgano o institución de conformidad con el género de esa persona. Cuando una resolución es firmada por una mujer, su autora debe ser denominada «la ministra», «la secretaria general…». También en las convocatorias de vacantes publicadas en el *Journal Officiel* se recomienda el empleo de fórmulas como «candidato o candidata» para no confundir sobre preferencias de género.

En definitiva, la circular recomienda no hacer uso de la «escritura llamada inclusiva», que comprende formas de redacción y tipográficas que pretenden sustituir el masculino, cuando se utiliza de modo genérico, por una grafía que resalte la existencia de una forma femenina. Concluía la circular que «Más allá del respeto al formalismo propio de los actos de naturaleza jurídica, las administraciones de referencia del Estado deben ajustarse a las reglas gramaticales y sintácticas, principalmente por razones de inteligibilidad y claridad de la norma».

La circular del primer ministro de 2017 referida fue impugnada ante el Conseil d'Etat por una asociación denominada Groupement d'information et de soutien sur les questions sexuées et sexuelle, que solicitó su anulación. El Conseil rechazó por completo su demanda mediante *årret* de 28 de febrero de 2019.

El Consejo centra la cuestión: de lo que se trata, dice el párrafo 2 de sus consideraciones, es de que el primer ministro ha prescrito a los miembros del Gobierno bajo su autoridad aplicar «un cierto número de reglas gramaticales y sintácticas en relación con los actos administrativos», en particular cuando se vayan a publicar en el *Journal Officiel* de la República Francesa. Y relaciona a continuación en qué consisten esas recomendaciones. Hecho este acotamiento de la cuestión litigiosa, el Conseil d'Etat subraya que la circular no establece reglas que afecten a los derechos, ya que sus únicos destinatarios son los miembros del Gobierno y los servicios situados bajo su autoridad.

En cuanto a la reclamación de fondo, el Conseil argumenta su rechazo de la demanda sosteniendo que al prescribir la utilización del masculino como forma neutra para los preceptos reglamentarios susceptibles de aplicarse tanto a las mujeres como a los hombres, y excluir el uso de la escritura llamada inclusiva, la circular impugnada se limita a «dar instrucción a las administraciones de respetar, en la redacción de los actos administrativos, las reglas gramaticales y sintácticas en vigor». De ningún modo puede considerarse que esta recomendación afecte a la igualdad entre el hombre y la mujer en el sentido en que está consagrada en las declaraciones nacionales e internacionales de derechos.

Una circular del ministro de Educación publicada el 5 de mayo de 2021 exhortaba a la utilización del femenino para referirse a las funciones ejercidas por una mujer, para lo cual remitía a la guía elaborada en 1999 por el Centro Nacional de Investigación Científica y el Instituto Nacional de la Lengua Francesa, titulada *Femme, j'écris ton nom…* Recomendaba también que, cuando fuesen frases genéricas, se evitase la preferencia de un género y se desdoblara (candidato y candidata, inspectores e inspectoras, etc.). Y, en cuanto a las prohibiciones de formas de lenguaje inclusivo, se refería en particular a la grafía consistente en utilizar el punto medio o alzado: por ejemplo, en lugar de usar *enseignant* y *enseignante*, se prohibía utilizar *enseignant·e* o el plural *enseignant·e·s*. La razón de la prohibición era que la fórmula confundiría a los alumnos más jóvenes, o a los que tuvieran dificultades lingüísticas.

Todas son recomendaciones que contribuyen al programa de feminización, igual que lo son las que ha venido publicando en el mismo sentido la Real Academia Española, pero ninguna supone una modificación, a través de una norma reglamentaria pública de las reglas gramaticales establecidas.

La circular del ministro de Educación de 2021 mencionada comienza con un alegato que merece la pena reproducir:

> En el momento en que la lucha contra las discriminaciones sexistas implican combates relativos principalmente a las violencias conyugales, las disparidades salariales y los fenómenos de acoso, la escritura inclusiva, que parece participar en este movimiento, es no solo contraproducente para la misma causa, sino dañina para la práctica y la inteligibilidad de la lengua francesa. Una lengua procede de una combinación secular de la historia y de la práctica, lo que Lévi-Strauss y Dumézil definen como «un equilibrio sutil nacido del uso». Propugnando una reforma inmediata y totalizante de la grafía, los promotores de la escritura inclusiva violentan los ritmos de la evolución del lenguaje con una intervención brutal, arbitraria y no concertada, que desconoce la ecología del verbo.

Son palabras de Hélène Carrère d'Encausse, que era entonces secretario perpetuo (ella siempre prefirió mantener el masculino, que es la forma tradicional y oficial del cargo) de la Academia Francesa, y de Marc Lambron, director en ejercicio de la Academia, pronunciadas el 5 de mayo de 2021.

Posteriormente se han aprobado más normas que insisten en la misma dirección, como la proposición de ley deliberada en el Senado el 30 de octubre de 2023.

Hay algunas hermosas referencias en la circular del ministro de Educación, a que me he referido, sobre la igualdad del hombre y la mujer, en las que rechaza que se trate de un problema que pueda resolverse distorsionando y atacando el lenguaje. Es una tarea que corresponde a la educación esencialmente y que debe acometerse con firmeza desde las primeras etapas escolares.

En la educación, y en el acceso a la función pública, es donde principalmente se dan los supuestos en que son normas administrativas las que regulan tal actividad y también los procesos selectivos de personal, la enseñanza de la lengua y la evaluación de su dominio y de la comprensión lectora. En ningún caso estas normas pueden ser distintas de las establecidas por la Academia; ni es aceptable que rompan la unidad de la gramática o inventen doctrinas que no tienen amparo en el uso comprobado de los hablantes. La apelación a las normas lingüísticas fijadas por la RAE es un caso paradigmático de incorporación o de remisión de reglamentaciones del poder público a normas de origen privado.

Este último es un mecanismo constitucionalmente correcto. No lo es, en cambio, como enseñan los contenciosos alemanes o franceses que he referido, la imposición de gramáticas que no proceden del uso real de la lengua, constatado por las autoridades lingüísticas, no por las autoridades públicas a las que las constituciones no otorgan poder de regulación, como no lo hacen en general para imponer por ley cualquier tipo de cultura que no haya surgido espontáneamente de la vida en común.

En el caso concreto de la lengua, es posible constreñir la libertad de expresión (abierta, por definición, a cualquier forma que el hablante elija) o condicionarla, cuando se trata de salvaguardar valores que pueden quedar lesionados por su uso, como el honor, la intimidad, la imagen, etc. Son ejemplos de estas restricciones las regulaciones sobre el discurso del odio. Pero las interferencias del legislador o de cualquier otro poder público para imponer formas obligatorias de uso del lenguaje son limitaciones ilegítimas de la libertad de expresión. Implican acciones de «adoctrinamiento», que violentan los estándares de protección de aquella libertad en los Estados de derecho.

EL ORIGEN DE LA EXIGENCIA DE CLARIDAD

Es incuestionable que las regulaciones de diversa procedencia concernientes al *lenguaje oficialmente correcto* afectan a la claridad de las comunicaciones públicas, al lenguaje que utilizan las leyes, los tribunales y las Administraciones públicas, pero también a todas las instituciones de carácter privado que se relacionan con los ciudadanos en su actividad ordinaria. Uno de los reproches, que ya hemos visto que se dirigen a las medidas de imposición de formas lingüísticas a título de conseguir la igualdad de sexos, es que el mensaje acarree incomprensión del destinatario. Entre otras cosas porque no coincide con el uso común de la lengua.

Añádase al anterior problema el que aporta la dispersión de las regulaciones: cada poder público y cada institución se consideran habilitados para publicar sus propias normas. El fenómeno se multiplica a escala hispanoamericana, donde cada entidad, incluidas las de carácter local, puede producir su propia normativa lingüística.

Durante mucho tiempo, y aún en la actualidad se conserva la misma percepción, la exigencia de que el lenguaje usado para dirigirse a los ciudadanos sea claro, comprensible, accesible, incluye a los legisladores, a los jueces y tribunales, y a las Administraciones públicas de todas clase y niveles. Es un asunto del derecho y de los juristas, que no afecta a otros ámbitos de la vida social y económica.

Esta afirmación tiene de cierto que ha sido en el mundo de las normas jurídicas y sus aplicaciones donde se ha manifestado desde más antiguo la demanda. Pero la situación ha evolucionado hasta convertir la claridad del lenguaje en un requisito esencial de la transparencia de cualquier organización, pública o privada, y en un derecho de los ciudadanos, el derecho a comprender las comunicaciones que pueden afectarle, directa o indirectamente, que es esencial no solo para activar las garantías que el ordenamiento pone a su disposición, sino para poder ejercer cualquiera de los derechos que la Constitución y las leyes les reconocen.

La reclamación de claridad de las normas jurídicas y de las resoluciones judiciales es, en efecto, la más antigua de las referidas a este problema porque ha acompañado a la vida del derecho desde que se formó el primer gran sistema jurídico, el derecho romano.

El problema de entender las leyes y las sentencias empezó a requerir el auxilio de una clase profesional especializada en su interpretación. Parece que el viejo aforismo «la ignorancia de la ley no excusa de su cumplimiento», que todavía luce en los códigos civiles, procedente del derecho romano, no implica la afirmación de que los ciudadanos entienden las leyes, sino una presunción basada en la idea de que siempre existe la posibilidad de preguntar sobre su sentido a un jurista especializado.

Pero, indudablemente, el adagio está construido sobre la constatación de que es frecuente que las leyes no sean comprendidas por quienes tienen que cumplirlas.

En las sociedades medievales, en las que el derecho estaba constituido fundamentalmente por costumbres formadas por repetición de conductas, el conocimiento de la norma era fácil porque había surgido del pueblo, que era el autor último de su contenido. Cuando se fueron afirmando los modelos de gobierno monárquico y el imperante asumió la tarea de hacer las leyes, sustituyendo con ellas las costumbres populares, el conocimiento de los mandatos del legislador devino más difícil. Lo mismo ocurrió cuando la justicia, que actuaba sin seguir procedimientos formalizados y solemnes, adoptando sus decisiones «sin estrépito de juicio», fue sustituida por jueces nombrados por los consejos del monarca que resolvían las controversias siguiendo trámites complejos y estrictamente ordenados.

Lo que siguió a la falta de claridad medieval fue el espíritu de la Ilustración. Los pensadores ilustrados se preocuparon especialmente por la claridad de las leyes. Son muchos los testimonios en tal sentido que reflejan el estado de confusión alcanzado y la notable dificultad que presentaba el conocimiento de la legislación. Recuérdese la famosa recomendación de Montesquieu en el Libro XXIX de *De l'esprit des lois* («*De la manière de composer les lois*»): el estilo debe ser conciso, simple; se deben evitar las expresiones vagas así como el lenguaje metafórico o figurado. Las leyes no deben ser sutiles. No deben emplear más palabras que las estrictamente necesarias. Las leyes deben ser estables. No se deben cambiar si no existe una razón suficiente. Las leyes inútiles debilitan a las leyes necesarias.

Las ideas sobre la técnica de legislar expresadas por Montesquieu se convirtieron en una especie de manual de instrucciones dirigido a los legisladores. Las influyentes obras de J. Bentham dedicaron muchas páginas a demostrar, coetáneamente con la Revolución francesa y en los años inmediatamente posteriores, la importancia de garantizar la simplicidad de la legislación. Respecto del estilo de las leyes, sostuvo en el último capítulo de su *Idea general de un cuerpo completo de legislación* que la perfección del estilo exige claridad, que debe lograrse excluyendo proposiciones ininteligibles, equívocas, difusas, demasiado concisas. El ideal de brevedad excluye la repetición de palabras o la mención de particularidades inútiles. No deben usarse más que los términos que son familiares al pueblo. Si se usan términos técnicos, deben ser definidos en el mismo texto legal. Para las definiciones deben emplearse palabras conocidas. Para expresar la misma idea hay que utilizar las mismas palabras. El objetivo de sus proposiciones es que no sea necesario interponer, entre la norma y su destinatario, intermediarios que aclaren su significado.

A este espíritu se acogió la codificación civil, de la que fueron ejemplo el Código Napoleónico de 1804, la tardía codificación civil española de 1889 y, muchos años antes, el importante Código Civil chileno, propuesto por el gran Andrés Bello a mediados del siglo XIX, que sirvió de ejemplo a toda América.

Dos siglos después, en ese mismo espíritu seguimos, porque la codificación no llegó a arreglar del todo el problema de la falta de claridad del lenguaje jurídico.

La literatura de todas las épocas ha contribuido a mantener el tópico de imputar la oscuridad a la propia conveniencia e intencionalidad de los jurisconsultos, interesados en proteger, mediante un lenguaje de secta, jergal, especializado e inaccesible para los no iniciados, conocimientos y prácticas que son la fuente de suculentos negocios.

Las profesiones jurídicas no han estado nunca a salvo, como tampoco ha ocurrido a ningún otro oficio, de que los pícaros puedan tomarlas al asalto, pero mantener la suposición de que el lenguaje ininteligible es el instrumento de conductas inmorales planificadas para abusar de justiciables ingenuos no tiene, en los sistemas constitucionales actuales, el menor fundamento serio. Solo puede manejarse la idea como anécdota o como recuerdo de una picaresca marginal en las profesiones jurídicas.

Pero la famosa consideración de que la oscuridad de los juristas es intencionada (solo otra profesión clásica, como la de médico, cuyo origen es tan antiguo como las comunidades humanas, se ha enfrentado a acusaciones semejantes) no debe confundir respecto de las posibilidades y la conveniencia de transformar su lenguaje.

Se trata de un lenguaje técnico que se ha desarrollado a lo largo de siglos y que tiene muchas palabras y expresiones propias, que no pueden ser desplazadas porque la técnica jurídica perdería una herramienta fundamental para la formación del pensamiento y la solución de los conflictos. El lenguaje técnico de la profesión no debe ser abandonado ni las demandas de lenguaje claro llegan a ese extremo. Las reclamaciones de claridad hay que centrarlas en las decisiones, resoluciones y comunicaciones dirigidas a los ciudadanos, no en las manifestaciones del pensamiento jurídico y en la normativa general.

En la actualidad tenemos bastante bien identificadas las razones de la oscuridad del lenguaje jurídico.

En el *Libro de estilo de la Justicia*, publicado por la Real Academia Española en 2017, se dice que el lenguaje jurídico es un tecnolecto o lengua de especialidad. Es decir que es una ciencia que posee una terminología específica propia de su ámbito. Esta particularidad es difícil de eliminar y sería inconsecuente intentar prescindir de ella porque contribuye de forma decisiva a precisar el sentido de los conceptos y a hacer más exacto el discurso jurídico, requisitos imprescindibles tanto de las leyes como de necesaria concurrencia en sus aplicaciones judiciales o administrativas. Es cierto que puede perjudicar la comprensión de los ciudadanos no especializados, pero es inevitable porque una alteración de la terminología, además de generar inseguridad (los conceptos técnicos a que me refiero han sido docenas de veces explicados por los autores y por la jurisprudencia, y su significación está consolidada), obligaría a renovar un lenguaje asentado durante siglos. Es recomendable no abusar de él y buscar alternativas más fáciles de entender cuando sea posible, pero no puede desplazarse de modo general para establecer sustitutivos totales. Me parece aplicable este criterio incluso a los aforismos latinos, que usan los juristas, si sirven para ahorrar explicaciones más extensas o circunloquios que sean fuente de confusión[19].

En el *Libro de estilo de la Justicia* mencionado, hicimos ver que la terminología jurídica ha heredado muchas de sus voces de las fuentes en que se inspira. El derecho romano nos ha dejado muchos latinismos crudos o literales, como *litis, petitum, factum, nasciturum, ab initio, ab intestato, a limine, habeas corpus, ipso iure, sub iudice,* etc. Del latín derivan también muchas palabras adaptadas a nuestra lengua, como *abolir, abrogar, delito, usufructo, precario*. Y otras tantas han sido creadas modernamente sobre base latina. Pero también las hay que son adaptaciones del griego, como *amnistía*, *enfiteusis*, *hipoteca*, *democracia*; o también del árabe, como *albacea*, *alevosía*, *alguacil*, *alquiler*, *arancel*. Por supuesto, tenemos un buen puñado de galicismos y de anglicismos que hemos incorporado sin resistencia.

Pero las dificultades de comprensión que presenta el lenguaje jurídico no derivan tanto de su léxico como de los diversos formulismos y expresiones que emplea, que no pertenecen al lenguaje común. Está demostrado que utiliza muchos arcaísmos, como *débito*, *susodicho*, *infraescrito*, *adverar*, *dirimir*, *incoar*, *otrosí*, etc. Otras variaciones se emplean para referirse a personas que intervienen en los actos jurídicos o administrativos (*el abajo firmante*, el *ahora recurrente*, *ante mí el secretario*, etcétera).

Muchos textos legales y judiciales son producidos por un emisor institucional y van dirigidos a un destinatario que, en muchas ocasiones, es general o no está predeterminado. De aquí que sea frecuente el uso de fórmulas verbales impersonales y pasivas, que evitan la referencia a la primera persona. Por ejemplo: *se resuelve*, *se da traslado*, *se modifica*.

También se usan expresiones que evitan referirse a los actores; por ejemplo; *procede*, *conviene*, *es de interés*, *es de justicia*. O no se usa la tercera persona y se evita referirse al emisor o al destinatario. Por ejemplo: *debo autorizar y autorizo, ante mí el secretario*. O se hace referencia a los actores a través de sus funciones o posición en el proceso usando sustantivos deverbales; por ejemplo: *el acusado, el denunciante, el apelante, el declarante, el recurrente, el abajo firmante*; también expresiones como *el juzgado* o *este tribunal*.

Tenemos bien identificadas cuáles son las características con las que se emplean los verbos en el lenguaje jurídico, que los diferencian del lenguaje más usual. Sabemos también cómo se manejan los nombres, y que existen formaciones típicas del lenguaje jurídico (*suplicación, impugnación, ratificación, autorización, tramitación, apelación*, por solo citar algunos de los ejemplos que usan la terminación en *-on*).

Están identificadas, en fin, las características de los adjetivos, que suelen emplear sufijos que se reiteran mucho; en especial: *-ado* como *demandado*; *-al* como *testifical* o *judicial*; *-ante* como *querellante* u *obrante*; *-ario* como *arbitrario, dinerario* o *tributario*; *-ivo* como *administrativo, lesivo, punitivo*, etc.

Por lo que concierne a los adverbios, lo más caracterizado es el empleo de algunos arcaicos, como *otrosí, amén, empero*, y muchos terminados en *-mente*[20].

Un número importante de sentencias del Tribunal Europeo de Derechos Humanos ha resaltado la exigencia de claridad de las normas, especialmente cuando se trata de leyes con contenido limitativo de los derechos. El Tribunal Constitucional español lo ha dicho, por ejemplo, en sus SSTC 133/1987, 196/1991 y 25/2002, etc., y el tribunal europeo mencionado, aplicando el artículo 7 del Convenio de 1950, ha indicado reiteradamente que una norma sancionadora no puede considerarse «ley» a menos que esté redactada con suficiente precisión (muchas sentencias desde *Müller y otros c. Suiza* de 24 de mayo de 1988, *Kokkinakis c. Grecia* de 25 de mayo de 1993, *G. c. Francia* de 27 de septiembre de 1995, *Larissis y otros c. Grecia* de 24 de febrero de 1998, etc.). Todas estas sentencias, y otras relativas a la accesibilidad de la ley y la claridad y la coherencia de las resoluciones administrativas, tienen muchos desarrollos y repercusiones en diversos aspectos concernientes al respeto de los derechos fundamentales.

Estas últimas formulaciones pueden explicar algunas de las razones por las que la exigencia de que el lenguaje sea claro se ha convertido en un principio que se está universalizando con mucha rapidez. Existen muchos tecnolenguajes; de casi todos (médicos, farmacéuticos, científicos, ingenieros, arquitectos, mecánicos, pilotos, marinos, etc.) suele decirse que presentan elementos incompresibles para los no especialistas.

LA EXPANSIÓN DE LA EXIGENCIA DE LENGUAJE CLARO: DERECHO CIUDADANO Y OBLIGACIÓN ADMINISTRATIVA

Desde finales del siglo XX y primeros años del siglo XXI el lenguaje claro ha salido de la órbita de legislación, la justicia y la Administración pública para, sin perjuicio de mantener las reclamaciones esenciales en este dominio, extenderla a otras muchas manifestaciones de la actividad pública o privada relacionada con la regulación y prestación de servicios de interés general.

Muy diversas normas dictadas por los poderes públicos, y no pocas sentencias de los tribunales, hablan del lenguaje claro como un derecho de los ciudadanos y una obligación que afecta tanto a las instituciones públicas como a muchas entidades privadas que operan en los mercados ofreciendo bienes y servicios. Veremos un poco más adelante las dimensiones de esta positivación del derecho y la obligación de claridad.

Más allá de las normas, la claridad de la comunicación es en la actualidad un principio que disciplina a la sociedad entera, una exigencia de los valores democráticos, del derecho de participación en los asuntos públicos o una consecuencia de la libertad de información.

Cuando nos referimos a la utilización de un lenguaje accesible en las comunicaciones con personas que tienen alguna clase de discapacidad cognitiva, podemos asegurar con absoluta seguridad que prescindir de la accesibilidad del mensaje equivale a condenar a muchos destinatarios a la marginación, haciéndoles imposible la participación en la sociedad democrática y del disfrute de libertades esenciales. En el caso de los individuos que no carecen de ninguna capacidad cognitiva, el derecho a la claridad, fijado en muchas normas infraconstitucionales, tiene también apoyo en las constituciones y leyes fundamentales de todos los Estados porque está vinculado al principio democrático y a la libertad de información. Además, en constituciones como la española de 1978 se puede entender comprendido en la consagración del principio de igualdad y en las obligaciones que impone a los poderes públicos de «remover los obstáculos que impiden o dificulten su plenitud y facilitar la participación de todos los ciudadanos en la vida política, económica, cultural y social» (artículo 9.2).

Sin normas claras no es posible la participación democrática ni el acceso incondicionado a los derechos y obligaciones que ellas establecen para el correcto e igualitario desarrollo de una convivencia participativa. En fin, la libertad de comunicación, como es bien conocido, no puede concebirse como un derecho exclusivo a expresar ideas y opiniones, sino también como un deber de hacerlo con arreglo a la verdad y al derecho de los demás a estar informados[21].

Puede observarse con detalle cómo las normas sobre lenguaje claro han saltado de su ámbito tradicional (la actuación de los poderes públicos) a su aplicación a otros sectores.

Desde los manuales de recomendaciones se transitó hacia la incorporación a normas vinculantes del derecho a conocer y la obligación de claridad de las resoluciones de los poderes públicos. En España fue un avance la aprobación por el Congreso de los Diputados, en 2002, de la Carta de Derechos de los Ciudadanos ante la Justicia, que reconoció explícitamente el derecho de los ciudadanos a comprender el lenguaje, tanto oral como escrito, empleado por los órganos judiciales. Concreta el derecho «a que las notificaciones, citaciones, emplazamientos y requerimientos contengan términos sencillos y comprensibles» o que «las sentencias y demás resoluciones judiciales se redacten de tal forma que sean comprensibles para el ciudadano, empleando una sintaxis y estructura sencillas sin perjuicio de su rigor técnico».

Poco tiempo después, en 2005, se aprobó un Plan de Transparencia Judicial por el Consejo de Ministros. Más tarde, en 2011, se incluyó este concepto en el Informe de la Comisión de Modernización del Discurso Jurídico. En otros países americanos se desarrollaron similares acciones.

La incorporación a normas imperativas (tratados, disposiciones europeas, leyes y reglamentos estatales e infraestatales) ha tenido muy variadas expresiones, al comienzo del siglo XXI. En España se publican las primeras reglas vinculadas al derecho de acceso a la información pública, que contempla el artículo 105.b de la Constitución, en el artículo 37 de la Ley 30/1992, de 26 de noviembre, de Régimen Jurídico de las Administraciones Públicas y del Procedimiento Administrativo Común. Algunas directivas comunitarias sobre acceso a información pública fueron incorporadas a la Ley 27/2006, de 18 de julio, por la que se regulan los derechos de acceso a la información, de participación pública y de acceso a la justicia en materia de medio ambiente, y la Ley 37/2007, de 16 de noviembre, sobre reutilización de la información del sector público, que regula el uso privado de documentos en poder de Administraciones y organismos del sector público. También, en esta línea de implantación de una cultura de transparencia a la Administración, la Ley 11/2007, de 22 de junio, de acceso electrónico de los ciudadanos a los servicios públicos.

Estas normas sobre transparencia concluyeron, en esta primera etapa, en la Ley 19/2013, de 9 de diciembre, de transparencia, acceso a la información pública y buen gobierno.

Dos preceptos de esta ley merecen ser destacados para lo que estamos analizando en este escrito.

El artículo 5.4 prescribe que «La información sujeta a las obligaciones de transparencia será publicada en las correspondientes sedes electrónicas o páginas web y de una manera clara, estructurada y entendible para los interesados y, preferiblemente, en formatos reutilizables. Se establecerán los mecanismos adecuados para facilitar la accesibilidad, la interoperabilidad, la calidad y la reutilización de la información publicada así como su identificación y localización».

El apartado 5 del mismo precepto establece: «Toda la información será comprensible, de acceso fácil y gratuito y estará a disposición de las personas con discapacidad en una modalidad suministrada por medios y en formatos adecuados de manera que resulten accesibles y comprensibles, conforme al principio de accesibilidad universal y diseño para todos»[22].

Algunos de estos principios tienen también su reflejo en otra ley general importante, la Ley 39/2015, de 1 de octubre, del Procedimiento Administrativo Común de las Administraciones Públicas. Incluye esta ley un extenso artículo, el 129, relativo a los «principios de buena regulación». De acuerdo con su apartado primero, estos principios son los de «necesidad, eficacia, proporcionalidad, seguridad jurídica, transparencia y eficiencia». El apartado 4 establece que «A fin de garantizar el principio de seguridad jurídica, la iniciativa normativa se ejercerá de manera coherente... para generar un marco normativo estable... que facilite su conocimiento y comprensión y, en consecuencia, la actuación y toma de decisiones de las personas y empresas». Por otro lado, el principio de transparencia obliga a las Administraciones públicas, según el apartado 5 del mismo precepto, a posibilitar «el acceso sencillo, universal y actualizado de la normativa en vigor y los documentos propios de su proceso de elaboración...».

El Real Decreto 931/2017, de 27 de octubre, por el que se regula la Memoria del Análisis de Impacto Normativo, se refiere en su preámbulo a «la Comunicación de la Comisión al Consejo y al Parlamento Europeo, de 16 de marzo de 2005, "Legislar mejor para potenciar el crecimiento y el empleo de la Unión Europea"» y al «"Paquete de Mejora Normativa" o *Better Regulation Package*, de 19 de mayo de 2015, que refleja la situación actual y las perspectivas de la política de mejora normativa en la Unión Europea». Me referiré enseguida a estas normas europeas[23].

Un reconocimiento explícito del «derecho a entender y ser entendido» se ha establecido en alguna legislación especial, como en el artículo 4 de la Ley 4/2015, de 27 de abril, del Estatuto de la Víctima del Delito[24].

Las comunidades autónomas también han aprobado normas en materia de transparencia, por lo común reiterativas de lo establecido en las leyes 19/2013 y 39/2015.

Un repaso elemental a la legislación sectorial permite descubrir muchas regulaciones preocupadas por la claridad del lenguaje que afectan tanto a los poderes públicos como a sectores dominados por operadores privados:

Destacaré, por todas las normas aprobadas en nuestro país y en todo el mundo, el muy importante Reglamento (UE) 2016/679 del Parlamento y el Consejo, de 27 de abril de 2016, relativo a la protección de las personas físicas en lo que respecta al tratamiento de sus datos personales, que impone las siguientes exigencias:

- «El principio de transparencia exige que toda información y comunicación relativa al tratamiento de dichos datos sea fácilmente accesible y fácil de entender, y que se utilice un lenguaje sencillo y claro» (Considerando 39).

- La declaración de consentimiento debe tener una «formulación inteligente y de fácil acceso que emplee un lenguaje claro y sencillo, y que no contenga cláusulas abusivas» (Considerando 42).
- «El principio de transparencia exige que toda información dirigida al público o al interesado sea concisa, fácilmente accesible y fácil de entender, y que se utilice un lenguaje claro y sencillo, y, además, en su caso se visualice. (...) Dado que los niños merecen una protección específica, cualquier información y comunicación cuyo tratamiento les afecte debe facilitarse en un lenguaje claro y sencillo que sea fácil de entender» (Considerando 58).
- Las condiciones para el consentimiento, que regula el artículo 7, imponen que «La solicitud de consentimiento se presentará de tal forma que se distinga de los demás asuntos, de forma inteligible y de fácil acceso y utilizando un lenguaje claro y sencillo. No será vinculante ninguna parte de la declaración que constituya infracción del presente Reglamento» (apartado 2).
- El artículo 12 («Transparencia de la información, comunicación y modalidades de ejercicio de los derechos del interesado») exige que «el responsable del tratamiento tomará las medidas oportunas para facilitar al interesado [...] cualquier comunicación con arreglo a los artículos 15 a 22 y 34

relativa al tratamiento, en forma concisa, transparente, inteligible y de fácil acceso, con un lenguaje claro y sencillo, en particular cualquier información dirigida específicamente a un niño».

- El artículo 34 se refiere a la comunicación al interesado de la violación de la seguridad de los datos personados. Establece que la comunicación «describirá en un lenguaje claro y sencillo la naturaleza de la violación de la seguridad de los datos personales…».

Las Directrices 5/2020 (de 4 de mayo de 2020) sobre el consentimiento, que desarrollan el Reglamento (UE) 2016/679, precisan:

- «67. Cuando solicitan el consentimiento, los responsables del tratamiento deben asegurarse de que utilizan un lenguaje claro y sencillo en todos los casos, es decir, el mensaje debe ser comprensible para un ciudadano medio y no únicamente para los juristas. Los responsables del tratamiento no pueden utilizar políticas de privacidad muy extensas que sean difíciles de entender o declaraciones llenas de jerga jurídica».
- «126. Tal y como se menciona en la sección 3.1 sobre consentimiento informado, la información deberá ser comprensible para la audiencia a la que el responsable del tratamiento se dirija, teniendo especialmente en cuenta el caso de los niños…».

La sentencia del TJUE, Sala Segunda, de 11 de noviembre de 2020, relativa al consentimiento en materia de tratamiento de datos, impone una «formulación inteligible y de fácil acceso que emplee un lenguaje claro y sencillo». De acuerdo con lo que establece el Reglamento 2016/679, el tribunal recuerda que es el responsable del tratamiento de los datos quien tiene que demostrar que el interesado ha manifestado su consentimiento y que ha recibido previamente información respecto de todas las circunstancias relacionadas con ese tratamiento, con una formulación inteligible y de fácil acceso que emplee un lenguaje claro y sencillo, que le permita determinar sin dificultad las consecuencias de dicho consentimiento.

Otros ejemplos de normas que prescriben claridad en materia de medicamentos, alimentos, consumo, seguros, productos financieros, se están publicando con frecuencia[25].

La doctrina del Tribunal Supremo en estos asuntos de lenguaje claro tiene una expresión resumida en la sentencia de 9 de mayo de 2013 sobre la admisibilidad de las cláusulas suelo en las hipotecas condicionada a su «transparencia»: es exigible que la oferta comercial se comunique «de forma clara, comprensible y destacada... sin diluir su relevancia mediante la ubicación en cláusulas con profusión de datos no siempre fáciles de entender para quien carece de conocimientos especializados»[26].

En el ámbito internacional y europeo las medidas concernientes a la claridad del lenguaje de las normas y resoluciones administrativas tienen precedentes que hay que situar en el Consejo de Edimburgo, que adoptó la resolución de 8 de junio de 1993 relativa a la calidad de la redacción de la legislación comunitaria. Pocos años después, como consecuencia de la Declaración 39 del Tratado de Ámsterdam, se adoptó el acuerdo institucional de 22 de diciembre de 1998 sobre directrices comunes relativas a la calidad de la redacción de la legislación comunitaria, que fueron desarrolladas en el año 2003 en la *Guía práctica común dirigida a las personas que contribuyen a la redacción de los textos legislativos en el seno de las instituciones comunitarias*[27].

El Consejo de Lisboa impulsó la simplificación de la regulación. A este plan respondió el *Libro blanco sobre la gobernanza europea* de 25 de julio de 2001, que atacaba la creciente complejidad y prolijidad de la legislación, reclamando un programa de simplificación y reducción. Apelaba al uso de instrumentos como la codificación, la supresión de normas, su presentación y consulta más fácil, la revisión continuada, etc.

El 13 de noviembre de 2001 se publicó el Informe Mandelkern, que puede considerarse el punto de partida de la política europea de *best regulation* o *smart regulation*. El Consejo Europeo de Laeken adoptó las políticas favorables a la calidad. Entre 2002 y 2005 la Comisión Europea publicó diferentes comunicaciones relativas a la mejora de la calidad estableciendo la obligación de llevar a cabo una evaluación del impacto de la nueva normativa. Desde el año 2005 unas hojas de ruta sustituyen el acta de evaluación preliminar que preveía la Comunicación de 2002. Y desde la Comunicación de 14 de noviembre de 2006 se elabora un informe anual en el marco del programa «Legislar mejor».

Son también documentos de referencia la Comunicación de 2010 sobre la normativa inteligente, y las Conclusiones del Consejo sobre una normativa inteligente de 30 de mayo de 2011; el programa de la adecuación y eficacia de la regulación de 2012; y, en fin, los informes concernientes a la *better regulation* y programas desarrollados a partir de la Comunicación de 19 de mayo de 2015[28].

Es necesario avanzar en una forma de comunicación que está todavía alejada de la práctica tradicional: la formulación de mensajes sencillos, presentaciones simples y atractivas, en la construcción de textos[29].

El lenguaje claro no implica necesariamente simplificar contenidos, pero debería permitir comprender un texto sin necesidad de releerlo y encontrar fácilmente la información necesaria para tomar una decisión.

El lenguaje administrativo no es un lenguaje aséptico ni neutro, sino un instrumento de comunicación ideológico que moldea la realidad y permite dominarla o escamotearla al conocimiento de los ciudadanos. La selección de términos puede condicionar la interpretación de los textos e influir en el comportamiento del ciudadano receptor. Hay que evitar los desajustes entre el uso social y el uso comunicativo institucional, que se dan con mucha frecuencia en la práctica. No hacer un uso del lenguaje distinto del que emplean los ciudadanos en sus comunicaciones ordinarias[30].

Cuando para un mismo mensaje se usa más de una lengua, es frecuente que haya que plantearse cuál de ellas hay que tener en cuenta para interpretarlo en caso de duda. Los órganos de gobierno de la Unión Europea y, muy especialmente, su Tribunal de Justicia, conocen bien este problema[31].

No me cabe duda de que las variaciones de redacción entre las guías de lenguaje claro no son equivalentes a los problemas que plantea el multilingüismo. Pero, en la medida en que se han multiplicado y no siempre siguen idénticos criterios, pueden dar lugar a un tratamiento desigual de los ciudadanos en cuanto se ofrecen propuestas de interpretación distintas de los mismos documentos o resoluciones. Por otro lado, rompen con la unidad de los textos por la vía aplicativa.

Se convendrá en que el problema es delicado y que la multiplicación de guías de lenguaje claro no contribuye a abordarlo con garantía de trasparencia y seguridad. Si además, como es frecuente, se combina la cuestión del lenguaje claro con la del lenguaje inclusivo, lo que me parece que es inevitable, y estas recomendaciones inciden en la normativa y doctrina de la Real Academia Española, estaremos ante un caso de fragmentación de la regulación que daña la unidad que la institución lleva cuidando trescientos años.

EL DERECHO AL LENGUAJE ACCESIBLE

El derecho a un lenguaje accesible, como complemento o especificación del derecho al lenguaje claro, con la correlativa obligación de los poderes públicos y los prestadores de servicios de interés general, está en relación directa con la transformación que ha experimentado en los primeros años del siglo XXI la valoración política, social y constitucional de la discapacidad. Hasta entonces, lo común en las regulaciones correspondientes era la concepción de la discapacidad como una disminución de las posibilidades de interactuar en sociedad, que solo puede ser compensada mediante ayudas económicas o asistenciales ofrecidas por los poderes públicos. Todas las naciones organizadas como Estados de derecho han pasado a aceptar que, más allá de las prestaciones asistenciales a los discapacitados, estos tienen derechos exigibles[32]. El primero de los cuales es comprender las comunicaciones que son imprescindibles para poder ejercer todos los demás derechos reconocidos en las constituciones y las leyes.

Conviene recordar que no estamos ante minorías poco significativas, sino de individuos que suman un porcentaje superior al 10 % de cualquier sociedad. Cifra en crecimiento porque las nuevas leyes en materia de discapacidad consideran que el ejercicio de los derechos y la participación comunitaria «trascienden además a ese sector social, extendiendo sus efectos benéficos y de mejora colectiva a otros segmentos de la comunidad como las personas mayores, personas visitantes o residentes en el país que no conocen suficientemente las lenguas oficiales y personas con reducido nivel de alfabetización, entre otros»[33].

La Ley 13/1982, de 7 de abril, de integración social de las personas con discapacidad, fue la primera aprobada en España dirigida a regular la atención y los apoyos a las personas con discapacidad y sus familias, en el marco de los artículos 9, 10, 14 y 49 de la Constitución, y supuso un avance relevante en la época. Su filosofía era garantizar derechos básicos, pero sobre todo asegurar apoyos complementarios en forma de ayudas y servicios especializados, así como prestaciones económicas.

Más tarde, la Ley 51/2003, de 2 de diciembre, de igualdad de oportunidades, no discriminación y accesibilidad universal, impulsó la equiparación de las personas con discapacidad fijando el centro de la regulación en la lucha contra la discriminación y la accesibilidad universal[34].

Un hito definitivo en la globalización de las medidas de reconocimiento de los derechos de los discapacitados fue la Convención Internacional sobre los Derechos de las Personas con Discapacidad, aprobada el 13 de diciembre de 2006 por la Asamblea Nacional de las Naciones Unidas (ONU), ratificada por España el 3 de mayo de 2008. Consagró definitivamente la atención a la discapacidad desde la perspectiva de los derechos, considerando a las personas afectadas como sujetos titulares de derechos, e imponiendo a los poderes públicos las obligaciones consiguientes para garantizar su ejercicio.

Todas las leyes estatales anteriores fueron organizadas sistemáticamente en el Real Decreto legislativo 1/2013, de 29 de noviembre. Su artículo 2 contiene una amplia definición del principio de igualdad de oportunidades:

> b) Igualdad de oportunidades: es la ausencia de toda discriminación, directa o indirecta, por motivo de o por razón de discapacidad, incluida cualquier distinción, exclusión o restricción que tenga el propósito o el efecto de obstaculizar o dejar sin efecto el reconocimiento, goce o ejercicio en igualdad de condiciones por las personas con discapacidad, de todos los derechos humanos y

> libertades fundamentales en los ámbitos político, económico, social, laboral, cultural, civil o de otro tipo. Asimismo, se entiende por igualdad de oportunidades la adopción de medidas de acción positiva.

También se incorporó la accesibilidad universal como principio rector de la ley, que es el que más ha evolucionado y se ha transformado con ampliaciones ulteriores justamente para incorporar el derecho de las personas con discapacidad a comprender las comunicaciones que se dirigen a los ciudadanos en general.

La definición de accesibilidad universal está en el artículo 2.a, y es justamente el párrafo que ha sido reformado por la nueva y pionera Ley 6/2022, de 31 de marzo, que incorpora el concepto de «accesibilidad cognitiva».

La Convención Internacional de Derechos de las Personas con Discapacidad, aprobada por la ONU en 2006, determina en su artículo 9 que «es obligación de los Estados partes adoptar las medidas pertinentes para asegurar el acceso de las personas con discapacidad, en igualdad de condiciones con las demás, (...) a la información y a las comunicaciones, incluidos los sistemas y las tecnologías de la información y las comunicaciones». Establece varias descripciones sobre «formatos de fácil lectura y comprensión», y en el artículo 2, al establecer las definiciones auténticas, dispone que «la comunicación incluirá el lenguaje sencillo», terminología que equivale a la consolidada en lengua española de «lectura fácil». Otros informes, tanto de España al aplicar la indicada Convención como en el propio Comité de Personas con Discapacidad de Naciones Unidas, han complementado esa indicación.

La Ley de 2022 citada ha apreciado que la legislación española no era suficientemente explícita sobre la accesibilidad por parte de las personas con discapacidad a las informaciones y comunicaciones, y da un paso más en el reconocimiento de un nuevo derecho que la Ley denomina «accesibilidad cognitiva».

Desde este punto de vista, se modifica la Ley 1/2013 para variar el concepto de accesibilidad y ampliarlo en el sentido indicado, de modo que el art. 2.k queda redactado del siguiente modo:

> k) Accesibilidad universal: es la condición que deben cumplir los entornos, procesos, bienes, productos y servicios, así como los objetos, instrumentos, herramientas y dispositivos para ser comprensibles, utilizables y practicables por todas las personas en condiciones de seguridad y comodidad y de la forma más autónoma y natural posible. *En la accesibilidad universal está incluida la accesibilidad cognitiva para permitir la fácil comprensión, la comunicación e interacción a todas las personas. La accesibilidad cognitiva se despliega y hace efectiva a través de la lectura fácil, sistemas alternativos y aumentativos de comunicación, pictogramas y otros medios humanos y tecnológicos disponibles para tal fin. Presupone la estrategia de «diseño universal o diseño para*

todas las personas», y se entiende sin perjuicio de los ajustes razonables que deban adoptarse.

Destaco que, en el ámbito de aplicación que fija la ley, en materia de igualdad de oportunidades, no discriminación y accesibilidad universal, se incluyen todos los «bienes y servicios a disposición del público», y, desde luego, las relaciones con las Administraciones públicas y la Administración de justicia.

En fin, se añade un nuevo artículo 29.bis a la ley de 2013, en el que se establecen las condiciones básicas de la accesibilidad cognitiva, que se definen como «el conjunto sistemático, integral y coherente de exigencias, requisitos, normas, parámetros y pautas que se consideran precisos para asegurar la comprensión, la comunicación y la interacción de todas las personas con todos los entornos, productos, bienes y servicios, así como de los procesos y procedimientos».

La accesibilidad lingüística implica dos condiciones: la primera queda fuera del objeto de estas notas, y concierne al desarrollo de lenguajes adecuados para que las personas con dificultades sensoriales puedan recibir el mensaje, por ejemplo, las personas sordas o ciegas. La segunda concierne a la accesibilidad cognitiva o posibilidad de comprender el mensaje.

Se abre aquí el derecho a que las comunicaciones dirigidas a estos colectivos utilicen lenguaje fácil en cualquiera de sus variantes.

LOS MOVIMIENTOS EN DEFENSA DEL LENGUAJE CLARO. INICIATIVAS PRIVADAS Y PÚBLICAS

Estas constataciones han impulsado más los movimientos favorables al lenguaje claro en todos los países que aspiran a tener Estados de derecho sólidos: el movimiento del *plain language* comenzó principalmente en los años setenta, y abarca ya una geografía muy amplia de Estados que usan las lenguas más extendidas del mundo. Está muy desarrollado el movimiento en el Reino Unido, Estados Unidos, Australia, Canadá, Francia, Chile, México, Colombia, Argentina, Uruguay o Perú.

Lo que hoy se denomina «lenguaje claro» en España y en la mayor parte de los países de Hispanoamérica, o *plain language* en los países anglosajones, procede de la reclamación de grupos de consumidores que luchaban por entender las comunicaciones y escritos de los Gobiernos, los bancos y las instituciones en general. Se recuerda a este propósito el emblemático caso de

Chrissie Maher, que, en 1971, apreció que los formularios que había que rellenar para acceder al Consejo Nacional del Consumidor en Inglaterra eran muy complicados. Reclamó al Gobierno, y la falta de respuesta dio lugar a la Plain English Campaign. En la manifestación correspondiente al inicio de la campaña, un policía conminó a los manifestantes a retirarse del lugar y les leyó una ley de 1839 escrita de modo ininteligible. Maher le respondió: «Does that gobbledygook mean we have to go?».

Churchill había dicho en 1940 que todos los papeles que hay que leer son demasiado extensos, y eso es una pérdida de tiempo porque dificulta encontrar los puntos clave.

En 1975, en Estados Unidos, el Citibank fue el primer banco que redactó en lenguaje claro los contratos de acceso al crédito para sus consumidores. El Estado de Nueva York aprobó en 1979 una *New York's Plain English Law,* que es la primera ocasión en que se legisla sobre el particular en dicho país. En 1978 el presidente Carter aprobó la orden ejecutiva 120 444 que apelaba a la claridad de los reglamentos. Y Bill Clinton aprobó un memorando en 1998 aconsejando el lenguaje claro en los textos de gobierno. A partir de aquí, diferentes instituciones aprobaron documentos concernientes a las bolsas y valores, relativos tanto al mundo financiero como al legal.

De la Plain English Campaign contra el inglés incomprensible del discurso burocrático y jurídico anglosajón derivó el Plain Language Movement, seguido en otros países, como Francia, Bélgica, Italia o Suecia. En la Unión Europea tuvo su reflejo en el proyecto Fight the Fog. La niebla sería el lenguaje opaco y artificial.

En español, el movimiento en favor del lenguaje claro se ha desarrollado rápidamente. En España fue pionero un *Manual de estilo de lenguaje administrativo* publicado por el INAP en 1990, que buscaba mejores redacciones, aunque no necesariamente lenguaje claro. En 2009 se creó en el Ministerio de Justicia la Comisión para la Modernización del Lenguaje Jurídico, que dio lugar a determinados informes y documentos, tanto de estudio del lenguaje como recomendaciones de redacción. En los años sucesivos aparecen manuales relativos a la comunicación clara, como el *Libro de estilo de la Justicia* de la Real Academia Española y en 2022 se constituyó la Red Panhispánica de Lenguaje Claro, por iniciativa de la RAE.

En México se elaboraron, en el contexto judicial, manuales de redacción jurisdiccional en 2007, o, más directamente, manuales para la elaboración de sentencias. Con anterioridad, en 2006, se publicaron textos de esta clase en el ámbito administrativo.

En Colombia se hicieron importantes avances durante la presidencia de Juan Manuel Santos: en 2011 se publicó la *Guía de lenguaje ciudadano para la Administración pública colombiana,* y en 2015 la *Guía de lenguaje claro para servidores públicos en Colombia*. Actualmente funciona la Red de Lenguaje Claro de Colombia y se ha modificado la legislación en 2014 para introducir conceptos de lenguaje claro.

En Argentina se creó una web, *wiki ius*, que contiene un «glosario participativo» de términos jurídicos, completado con explicaciones en lenguaje claro. Se han propuesto modificaciones legales para establecer que los jueces tengan que incluir en sus sentencias un apartado con lenguaje coloquial, simple y directo. En 2017 se fundó la Red de Lenguaje Claro.

En Perú, en 2014 se inició también en el Poder Judicial un movimiento a favor del lenguaje sencillo y comprensible, que se respaldó con la publicación de un *Manual judicial de lenguaje claro y accesible a los ciudadanos*.

En Uruguay las iniciativas se concretan en el Programa de Lenguaje Ciudadano de IMPO (Dirección Nacional de Impresiones y Publicaciones Oficiales, que es la encargada de la difusión de la normativa jurídica). En 2022 se creó la Red Uruguaya de Lenguaje Jurídico Claro.

En Chile la claridad del lenguaje se ha vinculado a la libertad de opinión y de libre acceso a la información, así como a la ley de transparencia. También a los pactos internacionales que consagran el derecho a recibir información. Después de diferentes iniciativas para la claridad del lenguaje, el poder judicial desarrolló un proyecto de «Clarificación y simplificación de resoluciones judiciales» y se publicó un *Glosario de términos legales.* Se creó una Comisión de Lenguaje Claro del Poder Judicial. En 2015 se estableció la Red de Lenguaje Claro de Chile, en la que se integraron la Corte Suprema, la Contraloría General de la República, la Cámara de Diputados, la Biblioteca del Congreso Nacional, el Consejo para la Transparencia, la Pontificia Universidad Católica de Valparaíso y el Ministerio Secretaría General de la Presidencia, que suscribieron un Acuerdo de Lenguaje Claro.

En 2015 las Cortes supremas de Chile y España protagonizaron el proyecto «Justicia y lenguaje claro: por el derecho del ciudadano a comprender la justicia».

Desde entonces las apelaciones al lenguaje claro en la jurisprudencia son muy frecuentes.

La importancia del fenómeno que denuncio ha sido detectada también por las instituciones de normalización, en especial por la Organización Internacional de Normalización (ISO, en la siglas inglesas) que es una federación mundial de organismos nacionales de normalización. En principio, cada organismo miembro interesado en una materia para la que se haya establecido un comité técnico tiene derecho a estar representado en el mismo. En el caso que referiré ahora, las normas han sido elaboradas por el Comité Técnico ISO/TC, «Lenguaje y terminología».

Este comité ha redactado y aprobado unas normas que aspiran a ser el estándar internacional en materia de lenguaje claro. La redacción original está en lengua inglesa y fue editada en junio de 2023 (*Plain language. Part 1. Governing principle and guidelines*). Posteriormente, UNE (organismo español de normalización) ha publicado una traducción española (*Lenguaje claro. Parte 1: Principios rectores y directrices*). A este documento se añadirán, según se anuncia, otros dos: uno referido al ámbito jurídico y el otro al científico. Los documentos en cuestión se suministran a título oneroso.

En la norma general, identificada con la clave PNE-ISO 24495-1, se asegura que el documento «Es de aplicación a la mayoría de las lenguas escritas y refleja la investigación más reciente sobre el lenguaje claro y la experiencia de los expertos en la materia».

No ponemos en duda las anteriores aseveraciones, pero es de señalar que ni la Real Academia Española ni ninguna de las veintidós academias de la lengua existentes en el universo hispanohablante han sido consultadas, siendo como son las instituciones que mantienen de modo continuo atención a los usos de la lengua española y a su unidad. El documento, además de explicar bastantes cuestiones generales, no tiene inconveniente en incluir recomendaciones concernientes al léxico, a la estructura de los párrafos, a la «gramática, la ortografía y puntuación que los lectores acepten como correctas», y anima a seguir la «norma lingüística oficial o nacional, a menos que estas normas no satisfagan las necesidades de los lectores en el caso concreto» (5.3.3, d, e)

Los ejemplos, como la norma española es una traducción del inglés, no proceden de la lengua española sino de la inglesa. Entre la bibliografía no se menciona ni un solo documento procedente de la Real Academia Española o de la Asociación de Academias de la Lengua Española.

No hay mejor ejemplo que el de estas normas para ilustrar los extremos a que está llevando el aprovechamiento comercial del movimiento del lenguaje claro, o de la facilidad con la que se pretende desplazar de su función trisecular a los organismos que tienen autoridad reconocida sobre la materia, actuando desde fuera del espacio reservado a los reguladores o normalizadores tradicionales, y usando para tal intervención estándares dominados por la lengua inglesa.

RED PANHISPÁNICA DE LENGUAJE CLARO: ORIGEN, FINES Y ACTIVIDADES

La Red Panhispánica de Lenguaje Claro, que descansa en la autoridad de la Real Academia Española y de las academias de la lengua española agrupadas en ASALE, fue creada en 2022 mediante un acuerdo entre la Corte Suprema de la República de Chile y la RAE. Desde aquel mismo año se han sumado a la iniciativa el Tribunal Supremo español y la mayor parte de las Cortes Supremas de Hispanoamérica y la Cumbre Judicial Iberoamericana que las agrupa a todas. Y, en bloque, las redes nacionales de lenguaje claro constituidas en muchos de los países de habla española. Sucesivamente, el número de miembros de la Red Panhispánica ha crecido con rapidez gracias a la incorporación de instituciones públicas de todos los Estados, universidades, entidades encargadas de servicios públicos de interés general, fundaciones y corporaciones del tercer sector, etcétera.

Se ha abierto así la posibilidad cierta de recuperar las mejores fórmulas para una ordenación del lenguaje claro en toda la geografía donde domina la lengua española. Ha de estar basada en normas comunes, que aseguren el mejor criterio lingüístico y la unidad, sin perjuicio de que las instituciones que lo deseen puedan aprobar y difundir sus normas complementarias para añadir las particularidades que procedan. Lo mismo que la existencia de un *Diccionario de la lengua española,* como compendio léxico general, no es obstáculo para la elaboración de diccionarios que reúnan el vocabulario propio de cada país, la existencia de normas generales sobre lenguaje claro debe basarse en la voluntariedad y la elaboración colaborativa y consensuada, dejando espacio a las especialidades que puedan presentarse razonablemente.

La larga y amplia trayectoria de la RAE en materia de lenguaje claro se remonta a los orígenes de la institución. Desde el siglo XVIII ha procurado que sus obras lingüísticas y literarias fundamentales resulten comprensibles y accesibles para todos los hispanohablantes, sin perjuicio de su nivel de formación o sus condicionamientos personales, a través de la elaboración de versiones simplificadas y compendiadas o de su presentación en formatos adaptados a diferentes colectivos. En los últimos años, junto a la reformulación de los códigos básicos de la lengua (el *Diccionario*, la *Gramática* y la *Ortografía*), consensuada por todas las academias de la ASALE, el enfoque panhispánico ha propiciado el nacimiento de nuevos proyectos al servicio de la función académica de poner el conocimiento de la lengua española al alcance de todos los hablantes. A este principio responden, entre otros, el *Diccionario panhispánico de dudas* (publicado en 2005, cuya segunda edición se presentará en noviembre de este año), el *Libro de estilo de la lengua española según la norma panhispánica* (2018), el programa Lengua Española e Inteligencia Artificial (LEIA) o el nuevo espacio académico de divulgación. Los dos últimos, resultado del último Congreso de la ASALE (Sevilla, 2019), forman parte de un ambicioso plan de trabajo panhispánico que pretende ofrecer un servicio renovado y útil a la comunidad hispanohablante de hoy.

Al mismo tiempo, la RAE ha reconocido históricamente el valor de la contribución del lenguaje jurídico a la unidad de la lengua española. Desde 2014 ha intensificado su trabajo en este campo hasta convertirlo en una línea primordial de la labor académica. El 26 de noviembre de ese año suscribió un convenio con el Consejo General del Poder Judicial de España (CGPJ), que establece el marco general de una amplia colaboración con el objeto de contribuir a la calidad y claridad del lenguaje utilizado por los jueces, tribunales y legisladores. Con este fin se llevaron a cabo dos grandes proyectos, pioneros en el ámbito académico y en el judicial: un diccionario jurídico, cuyo primer avance fue el *Diccionario del español jurídico* (*DEJ*), publicado en abril de 2016, que contiene el léxico jurídico español, y un *Libro de estilo de la Justicia*, que se presentó en enero de 2017. La Real Academia y el Poder Judicial concibieron el diccionario como el mejor instrumento para favorecer la necesaria claridad del lenguaje jurídico. Y su visión, proyectada al ámbito panhispánico, convirtió a esta obra en la referencia esencial de todo el programa de lenguaje jurídico claro que se ha desarrollado en los años siguientes. El acuerdo con el CGPJ significó el comienzo de la alianza de la RAE con los poderes judiciales de los distintos países hispanohablantes al servicio del mismo fin.

La declaración del lenguaje claro y accesible como principio y como derecho se produjo en la XVIII Cumbre Judicial Iberoamericana (Asunción, Paraguay, 13-15 de abril de 2016). Al afirmar explícitamente que «la legitimidad de la judicatura está ligada a la claridad y calidad de las resoluciones judiciales, y que ello constituye el verdadero derecho fundamental del debido proceso», la Declaración de Asunción sanciona la necesidad de utilizar un lenguaje jurídico claro, inclusivo y no discriminatorio, capaz de ser entendido por todos los ciudadanos a los que se dirige. Pero, además, y esto es muy relevante, acuerda la ejecución de un programa de lenguaje claro que tiene como eje esencial el proyecto de elaboración del *Diccionario panhispánico del español jurídico* (*DPEJ*)[35].

Conviene subrayar dos hechos de trascendencia: la vinculación del *DPEJ* al programa de lenguaje claro y accesible aprobado por la Cumbre Judicial de Paraguay y la precisión con la que quedó articulado el planteamiento del diccionario, que incluiría no solo las voces jurídicas de todos los países, sino también su vinculación con las jurisprudencias y legislaciones más relevantes donde han sido utilizadas.

Una primera versión provisional del *DPEJ*, impresa, se presentó en la Universidad de Salamanca el 15 de diciembre de 2017, bajo la presidencia de Su Majestad el Rey de España, en el marco de la II Reunión Preparatoria de la XIX Cumbre Judicial Iberoamericana. Participaron en su elaboración cuatrocientos expertos procedentes de ciento cincuenta instituciones que conforman la Red Iberoamericana del *DPEJ*. En ella se integran, junto a la Cumbre Judicial Iberoamericana, los Tribunales o Cortes Supremas y los Consejos de la Judicatura de la mayoría de los países hispanohablantes, así como numerosos organismos judiciales. También muchas universidades y todas las academias de la lengua española.

Al lado del *DPEJ*, el proyecto de la Cumbre «Justicia y lenguaje claro: por el derecho del ciudadano a comprender la justicia», dio lugar a diversas actuaciones nacionales. Entre ellas destaca la constitución de las redes de lenguaje claro de Chile (2017), Argentina (2018) y Colombia (2018), con el propósito de alentar la vigilancia, agrupar iniciativas y avanzar de manera sistemática en la creación de productos específicos y en la formación. Los desarrollos locales fueron diversos y con matices que han marcado las distintas líneas de trabajo de este amplio proyecto.

Desde su XVIII edición la Cumbre Judicial Iberoamericana ha incorporado a su estructura permanente el Grupo Lenguaje Claro y Accesible, coordinado por España y Chile, y, dentro de él, también como estructura permanente e «hijo de la Cumbre», el *Diccionario panhispánico del español jurídico*, cuyos trabajos continúan en la actualidad.

Para consolidar e institucionalizar el proceso de renovación continua del *DPEJ* fue decisiva la XIX Cumbre Judicial Iberoamericana (Quito, Ecuador, 18-20 de abril de 2018), que representa el siguiente hito en la relación entre la RAE y los poderes judiciales. La Declaración final de la Cumbre —Acta de San Francisco de Quito, Ecuador— aprobó la creación de un grupo de trabajo encargado de la actualización permanente del *DPEJ*, junto a los equipos que prepararon la edición impresa, se comprometió a «impulsar las actuaciones precisas para su consolidación, adaptación continua y desarrollo en el marco de los programas de cooperación judicial iberoamericana» y propuso, «considerando la naturaleza de esta obra y su crucial contribución a la cultura jurídica común de la comunidad iberoamericana», recabar el apoyo institucional al *DPEJ* de la XXVI Cumbre Iberoamericana de Jefes de Estado y de Gobierno, que había de celebrarse en La Antigua, Guatemala, en noviembre de ese mismo año[36]. La relevancia de estas declaraciones es evidente y ha determinado el rumbo posterior del desarrollo del proyecto.

En el mismo sentido se había pronunciado pocos meses antes, en enero de 2018, la asamblea plenaria extraordinaria de la Conferencia de Ministros de Justicia de los Países Iberoamericanos (COMJIB), celebrada en La Antigua Guatemala[37]. Y lo hizo también, después, la XVIII Conferencia Iberoamericana de Ministros de Administración Pública y Reforma del Estado, llevada a cabo en el mismo lugar en julio de 2018[38]. Estas afirmaciones culminaron en la resolución de la XXVI Cumbre Iberoamericana de Jefes de Estado y de Gobierno (La Antigua Guatemala, noviembre de 2018), que destaca la trascendencia de la obra y de su puesta al día permanente para el Derecho y la Justicia en Iberoamérica[39].

Estas actuaciones se desarrollan dentro del proyecto de edición en línea del *DPEJ*, cuya primera versión se publicó el 2 de julio de 2020, con actualizaciones presentadas el 16 de marzo de 2022 (en Lima, Perú) y el 28 de marzo de 2023 durante la celebración del IX Congreso Internacional de la Lengua Española (en Cádiz, España). El *DPEJ* digital constituye el eje vertebrador de la futura Plataforma Jurídica Iberoamericana. La RAE ha suscrito convenios para su desarrollo con el Consejo General del Poder Judicial de España (2017), el Ministerio de Justicia y Derechos Humanos de la República Argentina y el Consejo de la Magistratura del Poder Judicial de la República Argentina (2018), el Consejo Superior de la Judicatura de Colombia (2018), el Poder Judicial de Costa Rica (2020), el Poder Judicial de la República del Perú (2023) y el Poder Judicial y la Escuela Nacional de la Judicatura de la República Dominicana (2024)[40]. Aunque de momento no existe un convenio específico, se ha desarrollado una colaboración particularmente intensa en el *DPEJ* con la Corte Suprema de Chile, que deriva del trabajo conjunto en el seno de la Cumbre Judicial Iberoamericana. Con las aportaciones de todos ellos, el *DPEJ* suma más de 30 000 enlaces a leyes o sentencias[41].

La estrecha conexión entre la RAE y la Corte Suprema de Chile, unida a su trayectoria de trabajo en común en el grupo de la Cumbre Judicial Iberoamericana, hizo posible la constitución de la Red Panhispánica de Lenguaje Claro a través de un acuerdo suscrito por ambas instituciones, junto a la Secretaría *pro Tempore* de la Red de Lenguaje Claro de Chile, el 9 de junio de 2022, durante un solemne acto celebrado en la sede de la Corte chilena[42].

La Red Panhispánica de Lenguaje Claro ha contribuido inmediatamente a ensanchar los ámbitos a que extiende su actividad. Empezó constreñida al lenguaje jurídico, pero rápidamente ese campo ha quedado sobrepasado para incluir otros lenguajes de especialidad, ha superado también el dominio de las formas de comunicación convencionales para estar presente en los problemas del uso de la lengua por la inteligencia artificial, ha ampliado su campo de estudio y propuestas para atender los retos del lenguaje accesible para todos, ya que la accesibilidad universal de las comunicaciones es uno de los principios que han impuesto las normas generales sobre transparencia y discapacidad.

Este desbordamiento del reducto donde se originaron el derecho a conocer y el deber de comunicar con claridad ha generado la necesidad de que se renueven las guías o recomendaciones en materia de lenguaje claro, para que acojan la gama entera de sus actuales proyecciones.

La Real Academia Española ha ofrecido en la I Convención de la Red Panhispánica de Lenguaje Claro, celebrada en su sede los días 20 y 21 de mayo de 2024, una *Guía panhispánica de lenguaje claro y accesible*, atenida estrictamente a las normas lingüísticas asentadas a lo largo de los años, que podrá servir de criterio y de modelo, bien para su aplicación directa, bien para su reproducción, desarrollo y complemento de otras recomendaciones especializadas por razón de la materia o adaptadas a las variantes lingüísticas de otros países de habla hispana.

La *Guía panhispánica de lenguaje claro y accesible*, de la Real Academia Española, ha sido asumida y aprobada por todas las academias de la lengua pertenecientes a la Asociación de Academias de la Lengua Española.

La Red Panhispánica de Lenguaje Claro no es la primera iniciativa en favor del lenguaje claro que se desarrolla en el ámbito de los Estados hispanohablantes, pero sí es el primer movimiento que logra comprometer, de modo unitario y articulado, y atendiendo a pautas normativas y programas comunes, a la mayor parte de las instituciones públicas y organizaciones responsables de la prestación de servicios de interés general en toda la geografía mundial del español.

NOTAS

1 Aureliano Sánchez Guerra y Orbe pronunció un notable discurso en la RAE sobre el Fuero de Avilés. Está publicado por la Imprenta Nacional en 1865. La Academia se disponía, en aquellas fechas, a editar con todos los honores el Fuero de Avilés, asumiendo que, como había defendido Ticknor en su *Historia de la literatura española*, y ratificado otros notables historiadores y escritores, como Campomanes o Martínez Marina, «El primer documento escrito en romance castellano, con fecha segura y de carácter indudablemente genuino, es la confirmación de la carta-puebla de Avilés, hecha por el Emperador Don Alfonso VII en el año 1155...». Sánchez Guerra dedicó su discurso a desmontar esa tesis, que carecía, a su juicio, de fundamentos estimables.

2 Madrid, Centro de Estudios Históricos, 1919. Reimp. Madrid, CSIC, 1996.

3 *Ibid.*, p. 16-17

4 Un estudio de conjunto de interés sobre los fueros medievales es el de Remedios Morán Martín, *Derecho local medieval. Un intento de comprensión de la vida de los fueros (siglos X-XIV)*, Madrid, Iustel, 2022.

5 El ámbito de la utilización del castellano se extiende a la ciencia, ocupando espacios antes reservados al latín y al árabe, que eran las dos grandes lenguas de cultura de la Edad Media hispana. Empezando por el *Lapidario*. Alfonso creía en el carácter científico de la astrología y aprobaba la magia talismánica o magia astral. También se ocupó de la historia, con la *Estoria de España* y la *General estoria*.

Textos producidos en el *scriptorium regio*: además del Fuero Juzgo de Fernado III se eleboran otros fueros romances, como los de Brihuega y Alcalá, concedidos hacia 1230-1240 por el arzobispo de Toledo Rodrigo Ximénez de Rada. Pero la novedad alfonsí radica en que redacta el Fuero Real, con la colaboración de «omnes sabidores de derecho» con el propósito de extenderlo por todo el reino, acabando con la fragmentación legislativa.

6 *Fuero Juzgo en latín y castellano, cotejado con los más antiguos y preciosos códices*, por la Real Academia Española, Madrid, 1815, por Ibarra, impresor de cámara de S. M.

7 He estudiado los procesos de difusión de la lengua castellana en América en mi libro *Hablamos la misma lengua. Historia política del español en América desde la Conquista a las Independencias*, Barcelona, Crítica, 2017.

8 *Vid.* el texto con un estudio introductorio en la edición de Alberto Romero Ferres y Daniel Muñoz Sempere, *Diccionario crítico-burlesco del que se titula Diccionario razonado manual para inteligencia de ciertos escritores que por equivocación han nacido en España*, Ediciones Trea, Gijón, 2022.

[9] Rafael Sagredo Baeza, *De la colonia a la República. Los catecismos políticos americanos, 1811-1827*, Madrid, Doce Calles-Mapfre, 2009. Paula Alonso, *Construcciones impresas. Panfletos, diarios y revistas en la formación de los Estados nacionales en América Latina 1820-1920*, México, Fondo de Cultura Económica, 2004. Antonio Annino, François-Xavier Guerra, *Inventando la nación. Iberoamérica. Siglo XXI*, México, Fondo de Cultura Económica, 2003. Nydia M. Ruiz C., «Los catecismos políticos en España y América (1793-1814)», en Pilar García Jordán, Miguel Izard, Javier Laviña, *Memoria, creación e historia: luchar contra el olvido*, Barcelona, Universidad de Barcelona, 1994, pág. 211-227.

[10] Taurus, Madrid, 2023, pág. 105 y sigs.

[11] Por ejemplo remito a J. C. Anscombre y O. Ducrot, *La argumentación en la lengua*, Madrid, Gredos, 1994.

[12] Madrid, La Esfera de los Libros, 2011.

[13] E. Montolío, Durán, F. Polanco y M. A. García Asensio, «Lingüística y ciencias del comportamiento», en J. Ponce Solé (coord.) y otros, *Acicates (nudges), buen gobierno y buena administración*, Marcial Pons, Madrid 2022, pág. 143 y sigs.

[14] Es nuevo este fenómeno en los Estados actuales, como tengo estudiado en otro lugar (cfr. vol. XIV de mi tratado de *Derecho Administrativo y Derecho Público General*, 4.ª ed. 2016), pero, en relación con la normativa lingüística, hay antecedentes antiguos: en algunas ocasiones el poder público ha dado carácter obligatorio a los instrumentos académicos, como ocurrió en 1780 cuando Carlos III ordenó que la *Gramática* de la Academia se estudiara como

texto oficial en las escuelas, o en 1857, cuando se hizo lo mismo con la *Ortografía*.

15 Remito a la interesante reflexión y propuestas de G. Soto, «Lenguaje claro y género gramatical en español: masculino genérico, masculino ampliado y género inclusivo», que figura como Capítulo III del libro del mismo Guillermo Soto y Claudia Poblete, *Lenguaje claro*, Academia Judicial de Chile, Santiago de Chile, 2022.

16 Se ha producido una verdadera multiplicación de las guías o recomendaciones de lenguaje inclusivo, de modo que existe una tendencia a que cada institución tenga sus propias directrices al respecto.

Son todas parecidas, pero ninguna es idéntica a otra. Hace pocos meses han sido aprobadas las *Recomendaciones para un uso no sexista del lenguaje en la Administración parlamentaria*, que mereció una nota de comentarios de la Real Academia Española.

El Ministerio de Justicia aprobó una *Guía para el uso de un lenguaje más inclusivo e igualitario* en 2003. El Instituto Nacional de Seguridad y Salud en el Trabajo aprobó su *Guía para el uso del lenguaje inclusivo* en 2021. El mismo año lo hizo el Centro de Estudios Políticos y Constitucionales. Las *Guías de uso no sexista del lenguaje* del Instituto de la Mujer del Ministerio de Igualdad vienen aprobándose desde 1995. El Consejo General del Poder Judicial ha elaborado unas *Normas mínimas para evitar la discriminación de la mujer en el lenguaje administrativo.* El Consejo Superior de Investigaciones Científicas aprobó su *Guía para un uso no sexista de la lengua* en 2019. El año anterior lo hizo la Confederación Española de Personas con Discapacidad Física y Orgánica (COCEMFE). Y el Instituto Cervantes cuenta con su propia *Guía de comunicación no sexista,* publicada por la editorial Debate en 2021.

Las comunidades autónomas han aprobado guías de lenguaje no sexista, bien con carácter general (como Aragón en 2019 o Extremadura en 2022), o bien a través de organismos concretos como el Instituto Andaluz de la Mujer (en 2019).

En fin, han proliferado también estas guías en no pocas diputaciones provinciales y ayuntamientos. Entre estos últimos, por ejemplo, los de Madrid (en 2017), Barcelona (2019),Vitoria (2020), Córdoba (2017), Sevilla (2022).

En otras instituciones públicas, el ámbito en el que más han publicado las guías es el de las universidades, muchas de las cuales tienen la suya particular sin perjuicio de que la Conferencia de Rectores de las Universidades Españolas ha aprobado, en el año 2023, unas *Recomendaciones para un uso adecuado del lenguaje en las universidades.*

En casi ninguna de estas guías y recomendaciones hay referencias a la normativa de la Real Academia Española.

En organismos internacionales y Estados hispanohablantes las guías se han extendido de un modo general, no sin polémicas y conflictos. Por ejemplo, en Argentina el presidente Milei ha prohibido el lenguaje inclusivo y la perspectiva de género, y recomienda ajustarse a las indicaciones de la Real Academia Española. En Bolivia la recomendación del Ministerio de Educación, publicada en 2022, se denomina *Guía para una educación despatriarcalizadora*. Las denominaciones que más abundan son las de «guía de lenguaje inclusivo» (Chile, Costa Rica, México, Paraguay, Perú) o «de lenguaje no sexista» (Panamá) o un «lenguaje de equidad» (Puerto Rico).

El análisis de conjunto de estas guías permite concluir que algunas propuestas generales contradicen las recomendaciones de la RAE en cuanto que recomiendan evitar usos del masculino genérico que la Academia considera inclusivos, o fomentan el desdoblamiento, o proponen eliminar referencias en masculino u optar por formas neutras o invariables.

17 A este caso se ha referido Pablo Mesía Cereceda, en su trabajo *Lenguaje, poder y Derecho. Reflexiones sobre Derecho Administrativo y filosofía del lenguaje*, Albacete, 2021.

18 Por lo que respecta al derecho de los padres a educar a sus hijos, que los impugnantes consideraban vulnerado porque la reforma les impediría enseñar a sus hijos el modo correcto de escribir, el tribunal rechaza esta impugnación considerando que no existe un derecho de los padres a oponerse a la uniformidad de la reforma porque, si no, sería imposible cualquier enseñanza institucionalizada. En particular, lo que el TCF sostiene es que «la enseñanza de la ortografía reformada a los alumnos no reviste una importancia esencial para el desarrollo del derecho paterno de educar». Y aunque los padres pueden colaborar en la tarea, «la enseñanza de la ortografía no es prioritariamente un asunto que corresponda a los padres» (párrafo 140 de la sentencia).

19 Puede verse una aportación reciente a estos problemas del lenguaje jurídico, por parte de diferentes juristas, en el libro dirigido por Mercedes de Prada Rodríguez, *El derecho a entender el Derecho. Alcance y límites del lenguaje jurídico*, Centro de Estudios Garrigues y Tirant lo blanch, Valencia, 2024.

20 Como complemento de lo que ha explicado el *Libro de estilo de la Justicia* de la RAE, es interesante el análisis de C. Bordonaba y G. Garofalo, «El lenguaje jurídico», en M. V. Calvi, C. Bordonaba y G. Mapelli y J. Santos López, *Las lenguas de especialidad en español* (Nueva Edición, Roma, Carocci editore, 2023, pág. 187 y sigs.), que han señalado los siguientes rasgos diferenciales del español:

- Los operadores del derecho suelen dominar el nivel culto de la lengua y emplean un registro formal o solemne en su quehacer profesional, en el que prevalece la comunicación escrita.
- El vocabulario está muy caracterizado por la presencia de tecnicismos y arcaísmos, con latinismos y empleo de la resemantización, es decir atribuir significados técnicos a unidades léxicas de la lengua común.
- Rasgos morfológicos como construcciones impersonales y pasivas, perífrasis, gerundios y participios.
- Frecuente recurso a la nominalización, que da al discurso un carácter impersonal y abstracto.
- Períodos sintácticos de gran complejidad.
- Recurso a un estilo protocolario, cargado de fraseologismos ampulosos, dobletes y tripletes léxicos, aforismos y fórmulas fijas.

- El lenguaje jurídico y el lenguaje administrativo se nutren de las mismas características.
- Una parte importante del léxico es de base latina, a veces con préstamos crudos (*abintestato, corpore insepulto, de facto, de iure, exequatur, inter vivos, habeas corpus, modus vivendi, quórum, sui géneris*). También hay brocardos o aforismos jurídicos en latín.
- Hay una huella francesa importante posterior a los códigos napoleónicos (como *agiotaje*, *aval*, *chantaje*, *cotizar*, *cupón*, *fuerza mayor*, *requisitoria*).
- Entrada de anglicismos, fundamentalmente a través del derecho mercantil (*cash flow, holding, handling, stock*).
- En el discurso jurídico es posible distinguir entre tecnicismos que se caracterizan por su monosemia o univocidad (*albacea*, *bastantear*, *cohecho*, *otrosí*).
- Utiliza con frecuencia prefijos como *ante-*, *para-*, *pre-*, *super-*, *auto-* o *sobre-*; y sufijos como *-al*, *-ario*, *-ción*, *-dad*, *-ista*, *-miento*.
- Son frecuentes las siglas, las contraposiciones y las disyunciones.
- Peculiaridades en cuanto a los adjetivos, que se usan abundantemente para clarificar y deliminar; los adverbios en *-mente*, para matizar significados; y los verbos usados en formas no personales entre las que destaca el gerundio, y también los participios pasivos.
- El estilo formulario.
- La finalidad deóntica del futuro imperfecto de indicativo (la presente ley será de aplicación a los trabajadores que voluntariamente presten sus servicios…).

[21] Remito, para el examen de la significación constitucional de estos derechos, a mi libro *Los itinerarios de la libertad de palabra*, Barcelona, Crítica, 2013.

[22] El preámbulo de la Ley 6/2022, de 31 de marzo, de modificación del Texto Refundido de la Ley General de derechos de las personas con discapacidad y de su inclusión social, aprobado por el Real Decreto Legislativo 1/2013, señala:

> La Convención Internacional sobre los derechos de las personas con discapacidad, aprobada el 13 de diciembre de 2006 por la Asamblea General de las Naciones Unidas (ONU), ratificada por España el 3 de diciembre de 2007 y que entró en vigor el 3 de mayo de 2008, (…) Asimismo, «la información y la comunicación deben estar disponibles en formatos fáciles de leer y modos y métodos aumentativos y alternativos para las personas con discapacidad que utilizan esos formatos, modos y métodos». Además, en su artículo 2, relativo a definiciones auténticas, el Tratado internacional dispone que «a los efectos de la presente Convención […], "la comunicación incluirá el lenguaje sencillo", terminología que equivale a la consolidada en lengua española de "lectura fácil"».

[23] Este Real Decreto se dicta como consecuencia directa de las novedades normativas introducidas por las leyes 39/2015 y 40/2015, siendo así «coherente con los principios de buena regulación establecidos en el artículo 129 de la Ley 39/2015», pretendiendo que la regulación «ha de ser cada vez más simple y clara» para que sea «lo menos costoso posible para las empresas y los ciudadanos».

[24] «Toda víctima tiene el derecho a entender y ser entendida en cualquier actuación que deba llevarse a cabo desde la interposición de una denuncia y durante el proceso penal, incluida la información previa a la interposición de una denuncia.

A tal fin:

a) Todas las comunicaciones con las víctimas, orales o escritas, se harán en un lenguaje claro, sencillo y accesible, de un modo que tenga en cuenta sus características personales y, especialmente, las necesidades de las personas con discapacidad sensorial, intelectual o mental o su minoría de edad. Si la víctima fuera menor o tuviera la capacidad judicialmente modificada, las comunicaciones se harán a su representante o a la persona que le asista.
b) Se facilitará a la víctima, desde su primer contacto con las autoridades o con las Oficinas de Asistencia a las Víctimas, la asistencia o apoyos necesarios para que pueda hacerse entender ante ellas, lo que incluirá la interpretación en las lenguas de signos reconocidas legalmente y los medios de apoyo a la comunicación oral de personas sordas, con discapacidad auditiva y sordociegas.
c) La víctima podrá estar acompañada de una persona de su elección desde el primer contacto con las autoridades y funcionarios».

El proyecto de Ley Orgánica del Derecho de Defensa, ya aprobado por el Consejo de Ministros da un nuevo impulso a este texto que desarrolla el derecho fundamental recogido en el artículo 24 de la Constitución española y que ya se encontraba en tramitación parlamentaria en la anterior legislatura y decayó con la convocatoria de elecciones generales. Particularmente, destaca el artículo 9 en el que se establece el «derecho a un lenguaje claro en los actos, resoluciones y comunicaciones procesales»:

> Artículo 9. Derecho a un lenguaje claro en los actos, resoluciones y comunicaciones procesales.
>
> 1. Los actos y comunicaciones procesales se redactarán en lenguaje claro, de manera sencilla, accesible y comprensible, de forma que permitan conocer a sus destinatarios el objeto y consecuencias del acto procesal comunicado.
>
> 2. Las resoluciones judiciales y las dictadas por los Letrados de la Administración de Justicia, estarán redactadas en un lenguaje claro, de manera sencilla, accesible y comprensible, de forma que puedan ser comprendidas por su destinatario, sin perjuicio de la necesidad de utilizar el lenguaje técnico-jurídico para garantizar la precisión y calidad de estas.
>
> 3. Los tribunales velarán por la salvaguarda de este derecho, en particular en los interrogatorios y declaraciones.

25 El Real Decreto 1345/2007, de 11 de octubre, que regula el procedimiento de autorización, registro y condiciones de dispensación de los medicamentos de uso humano fabricados industrialmente, aplica la Directiva 2004/27/CE, uno de cuyos criterios es «garantizar un elevado nivel de protección de los consumidores y permitir el uso correcto de los medicamentos a partir de

una información completa y comprensible». Su artículo 29.3 establece que «El prospecto deberá ser legible, claro, asegurando su comprensión por el paciente y reduciendo al mínimo los términos de naturaleza técnica». Y el artículo 31.2 prescribe que «los datos que se mencionen en el "etiquetado de los medicamentos" estarán expresados en caracteres claramente legibles, claramente comprensibles e indelebles». El artículo 35 establece garantías de la correcta identificación y prohíbe, en el apartado 3, las denominaciones de medicamentos cuando su prescripción o dispensación «pueda dar lugar a confusión fonética u ortográfica». El artículo 36 establece, en su apartado 2, que «El prospecto deberá ser redactado y concebido en términos claros y comprensibles», con el objetivo (apartado 3) de «garantizar su legibilidad, claridad y facilidad de comprensión para favorecer el uso correcto del medicamento».

En el Reglamento (UE) 1169/2011, del Parlamento Europeo y del Consejo, de 25 de octubre de 2011, sobre información alimentaria facilitada al consumidor se encuentran las siguientes prescripciones:

- «Las etiquetas de los alimentos deben ser claras y comprensibles para ayudar a los consumidores que deseen tomar sus decisiones respecto a la alimentación y la dieta con mayor conocimiento de causa» (Considerando 26).
- «La información alimentaria debe ser precisa, clara y fácil de comprender para el consumidor» (Artículo 7.2).

- El artículo 15 se refiere a los «requisitos lingüísticos». Dice su apartado 1 que la información alimentaria obligatoria «figurará en una lengua que comprendan fácilmente los consumidores de los Estados miembros donde se comercializa el alimento».

El Ministerio de Sanidad de España ha lanzado un código (Nutri-score) para que los consumidores identifiquen en los supermercados los alimentos con alto contenido en grasas y azúcares. Hay normativas coordinadas transnacionalmente, de diversos países de la Unión Europea, para que el etiquetado Nutri-score sea claro y comprensible. Tendrá que ir marcado en la parte frontal de los envases conforme a la regla de etiquetado frontal (FOPL-Front of Pack Labelling).

Son de interés los desarrollos de la Directiva UE 2016/97, del Parlamento y del Consejo, de 20 de enero de 2016, sobre la distribución de seguros: los apartados 40 y 46 de su preámbulo consideran que «Los clientes debe disponer de antemano de información clara (que)... debe presentarse de forma comprensible». Y que la información se debe presentar «de una manera imparcial, clara y no engañosa». El artículo 17 impone que las comunicaciones, incluso publicitarias, dirigidas a los clientes han de tener un contenido preciso, claro y no engañoso. Incluso la tipografía de la documentación informativa sobre el producto de seguro tiene que tener una forma determinada. Artículo 20.7.b: la información «tendrá una presentación y una estructura claras que permitan su fácil lectura y utilizará caracteres de un tamaño legible». Insisten en esta idea los artículos 23, 29 y otros.

El Reglamento de ejecución de la Comisión, 2017/1469, de 11 de agosto de 2017, relativo al documento de información sobre los productos de seguro, alude, en el considerando 3, a la siguiente obligación: «A fin de proporcionar a los clientes información sobre el producto que sea fácil de leer, comprender y comparar, debe utilizarse un diseño, una estructura y un formato comunes a la hora de presentar la información…». Y el artículo 5, titulado «Lenguaje sencillo», indica que «El documento de información sobre el producto de seguro se redactará en un lenguaje sencillo que facilite al cliente la comprensión del contenido de dicho documento y se centrará en la información esencial que el cliente necesita para tomar una decisión con conocimiento de causa. Se evitará la jerga especializada».

La sentencia del Tribunal Supremo 3753/2022, Sala Primera, de 21 de octubre de 2022, sobre falta de claridad de un contrato de seguro recoge la doctrina que fijó la sentencia 402/2015, de 14 de julio, reiterada en otras muchas sentencias.

UNESPA ha aprobado y difundido, en 2018, una *Guía de buenas prácticas*. En ella se dice, entre otras cosas, que «Los términos jurídicos y el argot profesional hacen que los seguros resulten en ocasiones de difícil comprensión por parte del público general».

La Orden ECC/2316/2015, de 4 de noviembre, relativa a obligaciones de información y clasificación de productos financieros exige la información veraz, suficiente y comprensible, a los efectos de, como dice su preámbulo, «garantizar que los clientes de servicios financieros dispongan de toda la información necesaria para formarse un juicio de valor sobre los servicios de inversión ofrecidos y para comprender los riesgos asociados a ellos». Los esfuerzos realizados en la Unión Europea se dirigen contra «la presentación confusa e incompleta de la información sobre los productos y servicios financieros».

Aduce la Orden que la información se facilita «sin un formato homogéneo, en un lenguaje excesivamente técnico, o que los documentos precontractuales y publicitarios contienen demasiada información y que están redactados y presentados de tal forma que es difícil distinguir en ellos la información más relevante (...) al cliente le resulta complicado comprender adecuadamente el producto o servicio ofrecido, compararlo con otros ...».

La UE ha dictado el Reglamento 1286/2014, del Parlamento y el Consejo, de 26 de noviembre de 2014, sobre documentos de datos fundamentales relativos a los productos de inversión.

En la Comisión de Economía y Competitividad del Congreso de los Diputados se han adoptado también informes sobre esta misma cuestión de la información que debe facilitarse a los consumidores de productos financieros.

La Ley 7/1998, de 13 de abril, sobre condiciones generales de la contratación, se refiere en su preámbulo a la obligación de que «se redacten de forma transparente, con claridad, concreción y sencillez». Y precisa el artículo 5.5: «La redacción de cláusulas generales deberá ajustarse a los criterios de transparencia, claridad, concreción y sencillez. Las condiciones incorporadas de modo no transparente en los contratos en perjuicio de los consumidores serán nulas de pleno derecho».

La ley de defensa de los consumidores y usuarios (Real Decreto Legislativo 1/2007, de 16 de noviembre) establece la obligación de que se les preste «la información comprensible sobre el adecuado uso y consumo de los bienes y servicios puestos a su disposición en el mercado». Empezando por el etiquetado (artículo 18), que debe permitir obtener, «de forma clara y comprensible, información veraz, eficaz, suficiente y accesible». En el mismo sentido, artículos 20, 60, 80.1, etc.

26 También la sentencia de la Sala Primera 987/2022, de 21 de diciembre, sobre control de transparencia de las condiciones generales de los contratos celebrados con consumidores, donde se recuerda que tanto el Tribunal de Justicia de la Unión Europea como el TS han reiterado una doctrina muy firme sobre claridad y comprensibilidad de las cláusulas.

El TJUE ha abordado esta cuestión en sus sentencias de 21 de marzo de 2013 (asunto C-92/11, caso RWE Vertrieb), 30 de abril de 2014 (asunto C-26/13, caso Kásler y Káslerne Rábai), 26 de febrero de 2015 (asunto C-143/13, caso Matei), y 23 de abril de 2015 (asunto C-96/14, caso Van Hove). Y el Tribunal Supremo, en su sentencia 367/2017 de 8 de junio y las que en ella se citan, aplicando la Directiva europea 93/13/CEE del

Consejo, de 5 abril de 1993, sobre cláusulas abusivas en los contratos celebrados con consumidores. En el apartado 4.º de esta sentencia se dice que «no basta con la simple claridad gramatical», señalando «la importancia que para la transparencia en la contratación con los consumidores tiene la información».

Muchas sentencias de tribunales de instancia, como la del Juzgado de Primera Instancia n.º 2 de Santander de 10 de abril de 2014, se refieren a documentos oscuros: en este caso a un producto financiero difícil de entender, que evalúa diciendo que «son documentos (...) abigarrados y bizantinos que expresan nociones confusas empleando un lenguaje críptico y con una grafía pequeña que no facilita nada su comprensión».

Y así muchos juzgados de primera instancia y audiencias provinciales, que aplican la normativa que antes se ha indicado.

27 En estos mismos años la OCDE se ocupó, desde 1989, de la política de mejora de la regulación y buen gobierno. En 1995 aprobó su Recomendación para mejorar la calidad de la regulación gubernamental, que puede considerarse la primera declaración internacional sobre principios regulatorios comunes. A la Recomendación siguió un acuerdo sobre «cuestionarios de evaluación» a los que deben someterse los proyectos de normas.

28 Tras la adopción del programa para la mejora de la legislación el 19 de mayo de 2015, el 15 de marzo de 2016 el Consejo adoptó el Acuerdo interinstitucional de 13 de abril de 2016 sobre mejora de la legislación. Para garantizar la calidad de la normativa, se creó el Comité de

Control Reglamentario. Posteriormente, en 2017, bajo la presidencia de la Comisión de Jean-Claude Juncker, se constituyó el grupo operativo «Legislar menos pero mejor» (*Task force on subsidiarity, proportionality and doing less more efficiently*) para mejorar en la aplicación de los principios de subsidiariedad y proporcionalidad. De sus reflexiones derivó la Comunicación «Principios de subsidiariedad y proporcionalidad: reforzar su función en la elaboración de las políticas de la UE», dictada en octubre de 2018.

En julio de 2023, se presentó una guía (recursos, conjunto de herramientas o buenas prácticas: *«Better regulation» toolbox*). Este «conjunto de herramientas» toma los principios y experiencias desarrollados en los últimos años en el seno de la UE y de la OCDE (destacando como punto de partida la Recomendación del Consejo de la OCDE en políticas regulatorias y gobernanza, publicada en marzo de 2012).

29 La lingüística conductual o *behavioural linguistics,* que es una disciplina en formación, estudia cómo pueden implementarse *nudges* (acicates) comunicativos de carácter lingüístico y persuasivo para contribuir a hacer un uso estratégico más adecuado del lenguaje (estas cuestiones en R. H. Thaler y C. R. Sunstein, *Un pequeño empujón. El impulso que necesitas para tomar mejores decisiones*, Taurus, 2009). Un excelente resumen de estas técnicas en el trabajo de A. García Asensio, F. Polanco y E. Montolío, «Redacción clara: un nudge y una respuesta a la exigencia democrática de transparencia en la comunicación entre

la Administración y la ciudadanía», en el libro citado de J. Ponce, *Acicates…*, pág. 191 y sigs.

30 Un ejemplo práctico fue el proyecto de clarificación de documentos de multas de tráfico del ayuntamiento de Madrid, que explicaron Montolío y Gascón (y pasó a la página web del ayuntamiento: *Comunicación clara. Guía práctica. Una herramienta para mejorar la comunicación con la ciudadanía*, 2017). Identificado el problema, se redactó un documento de notificación de multas más sencillo, claro y fácil de resolver. Se eliminaron las sobrecargas cognitivas del documento. El documento fue redactado con el apoyo de lingüistas, diseñadores gráficos, y con el asesoramiento de Fundéu. Luego se preparó a todo el personal del Ayuntamiento, y se evaluó el impacto del nuevo documento y de sus resultados.

31 El multilingüismo se convierte a veces en materia litigiosa. La sentencia clave del Tribunal de Justicia sobre esta cuestión sigue siendo CILFIT, de 6 de octubre de 1982: los órganos jurisdiccionales de los Estados miembros de la UE han de interpretar el derecho de la Unión cuando tengan que aplicarlo a casos concretos. En esta tarea pueden enfrentarse a versiones lingüísticas no concordantes de un mismo acto. El Tribunal de Justicia ha reiterado en su jurisprudencia que en caso de divergencia entre versiones lingüísticas, la disposición debe interpretarse en función del sistema general y de la finalidad de la normativa en que se integra, y que la formulación utilizada en una de las versiones lingüísticas de una disposición no puede constituir la base para la interpre-

tación de dicha disposición, ni se le puede reconocer carácter prioritario frente a otras versiones lingüísticas.

El régimen lingüístico de las oposiciones ha sido impugnado en cuanto a la práctica de publicar las convocatorias únicamente en alemán, inglés y francés, violando el Reglamento 1/58, en virtud del cual todas las lenguas de los Estados miembros son lenguas oficiales y lenguas de trabajo de las instituciones.

32 Concepción de la discapacidad actualmente, de acuerdo con el Preámbulo del Real Decreto legislativo 1/2013, de 29 de noviembre, por el que se aprueba el Texto Refundido de la Ley General de derechos de las personas y de su inclusión social.

> Las personas con discapacidad conforman un grupo vulnerable y numeroso al que el modo en que se estructura y funciona la sociedad ha mantenido habitualmente en conocidas condiciones de exclusión. Este hecho ha comportado la restricción de sus derechos básicos y libertades condicionando u obstaculizando su desarrollo personal, así como el disfrute de los recursos y servicios disponibles para toda la población y la posibilidad de contribuir con sus capacidades al progreso de la sociedad.
>
> El anhelo de una vida plena y la necesidad de realización personal mueven a todas las personas, pero esas aspiraciones no pueden ser satisfechas si se hallan restringidos o ignorados los derechos a la libertad, la igualdad y la dignidad.

33 Como recuerda el penúltimo párrafo del apartado I del preámbulo de la Ley 6/2022 a la que me refiero más adelante.

34 Esta ley fue complementada con la Ley 49/2007, de 26 de diciembre, que establecía un régimen de infracciones y sanciones en materia de igualdad de oportunidades, no discriminación y accesibilidad universal de las personas con discapacidad. También ha de tenerse en cuenta la Ley 11/2023, de 8 de marzo, de trasposición de Directivas de la Unión Europea en materia de accesibilidad de determinados productos y servicios.

35 Declaración de Asunción, puntos 62-65. Disponible en: http://www.cumbrejudicial.org

Anexo XIII a la Declaración Final. Informe del Grupo de Trabajo Justicia y Lenguaje Claro. Disponible en: http://www.cumbrejudicial.org

36 Declaración final de la XIX Cumbre Judicial Iberoamericana —Acta de San Francisco de Quito, Ecuador—, puntos 67-70. Disponible en: http://www.cumbrejudicial.org

37 El apartado XXVII de la Declaración de La Antigua, Guatemala, aprobada el 30 de enero de 2018, refleja que la Conferencia aprueba elevar a la consideración y aprobación por la XXVI Cumbre Iberoamericana de Jefes de Estado y de Gobierno su valoración como «del máximo interés y trascendencia para el Derecho y la Justicia en Iberoamérica, la elaboración y puesta al día permanente del *Diccionario panhispánico del español jurídico*». Disponible en: https://www.segib.org/wp-content/uploads/DCL-COMJIB-LA-ANTIGUA-2018-E.pdf

38 En el apartado 15 de su Declaración, insta a la Secretaría General Iberoamericana (SEGIB) a «considerar la tras-

cendencia para el Derecho y la Justicia en Iberoamérica [que tiene] la elaboración y puesta al día permanente del *Diccionario panhispánico del español jurídico*, realizado por la Real Academia Española». Disponible en: https://www.segib.org/wp-content/uploads/DCL-XVIII-RMS-ADM-PUB-Y-REF-DEL-ESTADO-VERSION-ACORDADA-270718.pdf

39 Programa de Acción adoptado el 16 de noviembre en La Antigua, Guatemala, apartado 23. Disponible en: https://www.segib.org/wp-content/uploads/III-PROGRAMA-DE-ACCION-XXVI-CUMBRE-GUATEMALA_APROBADO.pdf

40 La RAE ha suscrito acuerdos de similar naturaleza con la Agencia Estatal Boletín Oficial del Estado de España (AEBOE) (2019), la Biblioteca del Congreso Nacional de Chile (2019), IMPO-Centro de Información Oficial de Uruguay (2021), el Ministerio de Justicia de la República de Cuba (2022) y el Ministerio de Justicia y Derechos Humanos de la República del Perú (2022).

41 Desde finales de 2018 hasta hoy, las instituciones judiciales se han volcado en el apoyo al *DPEJ* y a esta iniciativa de la RAE y la Cumbre Judicial Iberoamericana mediante una amplia divulgación de la obra, que ha sido presentada oficialmente en diversos foros, entre los que cabe mencionar, a modo de ejemplos, el Seminario sobre lenguaje jurídico claro «Justicia al alcance de todos», organizado por la Corte Suprema de Justicia de Chile en coordinación con la Red de Lenguaje Claro y la Universidad Alberto Hurtado (24 de abril de 2018), así

como las presentaciones promovidas por la Corte Suprema de Justicia de Paraguay y la Academia Paraguaya de la Lengua Española (25 de marzo de 2019), el Tribunal Superior de Justicia de Córdoba, Argentina, durante el VIII Congreso Internacional de la Lengua Española (29 de marzo de 2019), la Corte Suprema de Justicia de Nicaragua y la Academia Nicaragüense de la Lengua (20 de febrero de 2020), la Corte de Constitucionalidad y Academia Guatemalteca de la Lengua (24 de febrero de 2020), el Tribunal de Justicia de la Unión Europea (29 de enero de 2021) y el Consejo Judicial Centroamericano y del Caribe (CJCC) (Ciudad de Panamá, 25 de agosto de 2023). Muchas de estas presentaciones han tenido lugar en el marco de mis visitas institucionales a los respectivos países como presidente de la ASALE.

42 Se sumaron inmediatamente a la Red, después de las corporaciones americanas integradas en la ASALE, el Tribunal Supremo y el Consejo General del Poder Judicial de España, la Corte Suprema de Justicia de la Nación de la República Argentina, la Suprema Corte de Justicia de la República Oriental del Uruguay, la Corte Suprema de Justicia de la República y Poder Judicial del Perú, el Tribunal Supremo del Estado Libre Asociado de Puerto Rico y el Consejo del Poder Judicial de la República Dominicana. También la Suprema Corte de Justicia de la Provincia de Buenos Aires y el Superior Tribunal de Justicia de la Provincia de Río Negro (República Argentina). Junto a ellos, altas representaciones de los demás poderes del Estado, responsables de la Administración Pública, el Defensor del Pueblo de España, las redes

nacionales de Lenguaje Claro de Colombia, Argentina y Uruguay (esta última, igual que la del Ecuador, constituidas después de la creación de la Red Panhispánica, en 2022 y 2023, respectivamente), además de numerosas instituciones públicas y privadas de diferentes países hispanohablantes. El número de instituciones asociadas a la Red se acerca a las 250 cuando redacto esta nota.